本书系浙江外国语学院博达科研提升专项计划
数字经济赋能女性高质量就业的动力机制与协同路径（2025HQZZ11）研究成果

THE DYNAMIC MECHANISM AND COLLABORATIVE PATH OF THE
DIGITAL ECONOMY EMPOWERING WOMEN'S HIGH-QUALITY EMPLOYMENT

数字经济赋能女性高质量就业的动力机制与协同路径

卓雪冬◎著

ZHEJIANG UNIVERSITY PRESS
浙江大学出版社
·杭州·

图书在版编目（CIP）数据

数字经济赋能女性高质量就业的动力机制与协同路径 /
卓雪冬著. -- 杭州：浙江大学出版社，2025.2.
（浙江外国语学院博达丛书）. -- ISBN 978-7-308-25955-
2

Ⅰ. D669.2
中国国家版本馆 CIP 数据核字第 20259ZK391 号

数字经济赋能女性高质量就业的动力机制与协同路径
卓雪冬　著

策划编辑	吴伟伟	
责任编辑	刘婧雯	
责任校对	蔡一茗	
封面设计	雷建军	
出版发行	浙江大学出版社	
	（杭州市天目山路 148 号　邮政编码 310007）	
	（网址：http://www.zjupress.com）	
排　　版	杭州星云光电图文制作有限公司	
印　　刷	杭州高腾印务有限公司	
开　　本	710mm×1000mm　1/16	
印　　张	13	
字　　数	200 千	
版 印 次	2025 年 2 月第 1 版　2025 年 2 月第 1 次印刷	
书　　号	ISBN 978-7-308-25955-2	
定　　价	78.00 元	

前　言

　　就业是最基本的民生,事关人民群众切身利益,事关经济社会健康发展,事关国家长治久安。党的十八大以来,党中央坚持把就业工作摆在治国理政的突出位置,强化就业优先政策,健全就业促进机制,有效应对各种压力和挑战。习近平总书记在中共中央政治局第十四次集体学习时强调,促进高质量充分就业,不断增强广大劳动者的获得感幸福感安全感。① 女性作为劳动力市场的重要组成部分,其就业质量和就业机会历来受到社会的广泛关注。"妇女能顶半边天",切实保障女性群体的发展权利和机会,持续改善女性发展环境,抓好女性就业问题,可以为以中国式现代化全面推进强国建设、民族复兴伟业提供有力支撑。

　　随着信息技术的飞速发展,数字经济已成为全球经济增长的新引擎。作为一种新型经济形态,数字经济以数据资源为关键生产要素,以数字技术为核心驱动力,以现代信息网络为重要载体,不断重构经济社会发展格局。蓬勃发展的数字经济,大力促进了市场主体增长与迭代,推动实体经济在生产对象、生产方式上发生了深刻变革。数字经济与诸多行业和领域的深度融合催生了新的就业形态,创造了大量就业岗位,拓宽了劳动者就业渠道,助力大众创业、万众创新,为我国保就业、保民生、保市场发挥了重要作用。而在数字经济浪潮的推动下,女性就业领域也正经历着前所未有的变革。

　　数字经济为女性高质量就业提供了新的机遇和挑战。数字经济通过

---

　　①　促进高质量充分就业　不断增强广大劳动者的获得感幸福感安全感[N].人民日报,2024-05-29.

创新技术、优化产业结构和提供个性化服务等方式,为女性高质量就业提供了强大的动力支持。首先,数字技术的普及和应用降低了女性就业的门槛,使得更多女性能够参与到数字经济中来。其次,数字经济的多元化特征为女性提供了更加丰富的职业选择,可以满足不同女性的就业需求。再次,数字经济的灵活性使得女性能够更好地平衡家庭与工作之间的关系,实现工作与生活的和谐发展。最后,数字经济通过优化产业结构,推动女性就业向高端服务业、信息技术等领域转移,提升女性的就业质量和竞争力。

与此同时,实现数字经济赋能女性高质量就业需要政府、企业和社会各界的共同努力和协同配合。首先,政府应加大对数字经济的扶持力度,完善相关政策法规,为女性提供更多的就业创业机会和优惠政策。其次,企业应积极推动数字化转型,提高女性员工的数字化素养和技能水平,为女性员工提供更多的职业发展机会和晋升空间。企业还应关注女性员工的特殊需求,如弹性工作时间需求、家庭照顾需求等,为女性员工创造更加友好的工作环境。最后,社会各界应加强对数字经济的宣传和推广,提高女性对数字经济的认识和参与度,共同推动数字经济与女性就业的深度融合。

本书通过对数字经济赋能女性高质量就业的动力机制与协同路径的研究,剖析数字经济发展给女性劳动力提供的机会和带来的问题,旨在促进数字性别红利释放,确保为女性提供更公平、更全面、更优质的就业机会,提出保障女性公平进入数字经济社会、维护女性权益、优化计划生育政策与保障实施方面的对策措施,为相关政策制定和实践探索提供理论支撑和实证依据,推动数字经济背景下女性的高质量就业。无疑,随着数字技术的不断发展和应用,数字经济将为女性提供更加广阔的就业空间和更高质量的就业机会。同时,我们也需要关注数字经济给女性就业带来的挑战和问题,如数字鸿沟、就业歧视等,并积极寻求解决方案和措施。我们相信,在政府、企业和社会各界的共同努力下,数字经济将成为推动女性高质量就业的重要力量。

目　录

第一章 导 论

第一节 研究背景

习近平主席在联合国大会纪念北京世界妇女大会 25 周年高级别会议上发表了重要讲话,并指出:"妇女是人类文明的开创者、社会进步的推动者,在各行各业书写着不平凡的成就。"①为了切实保障女性群体的发展权利和机会,持续改善女性发展环境,2021 年,国务院实施完成三个周期的妇女发展纲要后,继续发布了第四周期的《中国妇女发展纲要(2021—2030 年)》,规划部署了未来 10 年妇女发展的目标和任务。《中华人民共和国国民经济和社会发展第十四个五年规划和2035 年远景目标纲要》提出,要坚持男女平等基本国策,切实保障和维护妇女的发展权利与机会,并通过深入实施妇女发展纲要持续改善妇女发展环境。

就业是最大的民生工程、民心工程、根基工程,是社会稳定的重要保障。② 党中央、国务院高度重视就业工作。2018 年中共中央政治局

---

① 习近平在联合国大会纪念北京世界妇女大会 25 周年高级别会议上发表重要讲话[N].人民日报,2020-10-02.

② 更加突出就业优先导向[N].人民日报,2024-03-08.

会议以来,党中央、国务院多次强调要做好稳就业、稳金融、稳外贸、稳外资、稳投资、稳预期工作,有效应对外部经济环境变化,确保经济平稳运行,其中"稳就业"居于首位。"妇女能顶半边天",因此,抓好女性就业是"稳就业"中的关键一环。

浙江省作为国家高质量发展共同富裕先行示范区和新时代全面展示中国特色社会主义制度优越性的重要窗口,在经济发展取得卓越成就的同时,亦十分重视女性事业的发展,积极贯彻男女平等的基本国策,提升女性的社会地位。2021年制定的《浙江省妇女发展"十四五"规划》,明确提出要提升女性的经济地位,消除女性就业性别歧视,改善女性就业结构,促进女性就业创业,保障女性平等获得经济资源,参与经济建设,享有经济发展成果的权利。近十年来,女性地位显著提升,在健康、教育、经济、决策管理以及技术创新等方面都取得了长足的进步。

同时,发展数字经济是把握新一轮科技革命和产业变革新机遇的战略选择。数字经济是在农业经济、工业经济之后出现的又一种经济形态。作为一种新型经济形态,数字经济以数据资源为关键生产要素,以数字技术为核心驱动力,以现代信息网络为重要载体,不断重构经济社会发展格局。目前数字经济蓬勃发展,促进市场主体快速增长,推动实体经济在生产对象、生产方式上发生深刻变革,其与诸多行业和领域深度融合,催生了新的就业形态,创造了大量就业岗位,拓宽了劳动者就业渠道,助力大众创业万众创新,为我国保就业、保民生、保市场发挥了重要作用,当然也给很多就业领域带来了新的挑战。

经过多年的快速发展,中国目前已发展成为全球数字经济大国。2022年,美国、中国、德国、日本、韩国等5个世界主要国家的数字经济总量为31万亿美元,数字经济占GDP比重为58%,较2016年提升约11个百分点。数字经济规模同比增长7.6%,高于GDP增速5.4个百分点。产业数字化持续带动5个国家数字经济发展,占数字经济比重达到 86.4%，较 2016 年提升 2.1 个百分点。从国别看，2016—2022 年，美国、中国数字经济持续快速增长，数字经济规模分别增加 6.5 万亿美元、4.1 万亿美元；中国数字经济年均复合增长 14.2%，是同期美、中、德、日、韩 5 国数字经济总体年均复合增速的 1.6 倍。德国产业数字化占数字经济比重连续多年高于美、中、日、韩 4 国，2022 年达到 92.1%。①

《中华人民共和国国民经济和社会发展第十四个五年规划和 2035 年远景目标纲要》对加快数字化发展、建设数字中国做出了全面规划，明确通过数字化改造全面推动传统生产方式、企业增长方式和经营模式的转变；通过促进大数字信息技术与传统企业经营管理的深度融合，赋能传统工业经济改造提升，孕育新兴领域的新业态、新模式，从而增强经济发展新动力。数字经济被列为我国"'十四五'时期经济社会发展主要指标"之一②，数字经济核心产业增加值占 GDP 的比重，要从 2020 年的 7.5%，提升到 2025 年的 10%。联合国贸易和发展会议的数字发展报告表明，中国和美国占据了世界上 70 家大数据平台市值的 90%，欧盟的这一比例只有 4%，而非洲和拉美市场的总和不到 1%。

特别值得一提的是，我国是世界最大的电子商务交易市场，已发展成为打造世界数字化格局的关键力量之一，在行业投资、商业模式和全球管理等诸多方面推动全球数字经济发展的方向。这预示着"十四五"时期，我国的数字经济将迎来更大的提升和发展，数字产业化和产业数字化还将不断深化，数字化发展也将进一步成为国家和地方政府实现技术发展转变的重要抓手，我国也将从信息大国迈入信息强国的行列。可见，数字经济发展速度之快、辐射范围之广、影响程度之深

①　中国数字经济 2016 年—2022 年年均复合增长 14.2%[N].科技日报，2023-07-06.
②　中华人民共和国国民经济和社会发展第十四个五年规划和 2035 年远景目标纲要[EB/OL].（2021-03-13）[2023-02-15]. https://www.gov.cn/xinwen/2021/03/13/content_5592681.htm.

前所未有,已成为重组全球要素资源、重塑全球价值结构、改变全球竞争格局的关键力量。

数字经济的快速发展,对劳动力市场也产生了重大的影响,推动了就业规模的扩大、就业模式的变革和就业结构的调整。[①] 当前,世界各国都高度重视数字经济对劳动力市场的影响,特别是数字经济对不同群体在就业方面的影响和冲击。数字经济的高质量发展为促进女性的公平、全面、高效就业创业带来了全新的契机,为国家社会经济健康有序发展提供了有效解决方案,为解决城市、地区和人口中的发展不均衡、不充分问题创造了有效的方式。女性作为劳动力市场的重要组成部分,其平等参与数字经济建设,平等享受数字经济发展红利,在就业领域享受平等待遇,是各国数字经济政策的重要议题之一。比如,2016 年发布的《二十国集团领导人杭州峰会公报》就"支持运用多种政策措施和技术手段弥合数字鸿沟、增强数字包容性""支持青年及女性在通过创新、创业为就业方面所发挥的重要作用"等多项建议举措达成了共识。[②]

我国政府历来重视数字经济在扩大就业、激发劳动力市场活力、促进经济转型升级、推动劳动者技能转型以及提升就业质量等方面的重要作用。我国女性在数字经济发展环境下的就业和创业实践、政府优化数字营商环境从而激发女性劳动力市场活力的政策实践、市场主体在数字化转型中的探索等,都可为世界各国女性融入数字经济和推动数字经济发展提供宝贵经验。数字经济为传统的女性就业带来了时代红利,减少了女性在劳动力市场中的劣势,为女性实现高质量就业创业提供了难得的机会。根据《金砖国家女性发展报告(2023)》,中国的数字经济正通过数字贸易、电子商务、直播带货等方式,为女性创

---

① 报告:近十年来金砖国家女性地位显著提升[EB/OL].(2023-06-06)[2024-01-20].http://finance.people.com.cn/n1/2023/0606/c1004-40007439.html.

② 二十国集团领导人杭州峰会公报[EB/OL].(2016-09-06)[2024-01-20].http://www.gov.cn/xinwen/2016-09-06/content_5105602.htm.

造了5700万就业机会。[①]

浙江省是数字经济大省,浙江省妇联公布的第四期中国妇女社会地位调查浙江省主要数据报告显示,浙江省城镇女性和农村女性的在业率分别达到了66.1％和67.4％,其中互联网就业成为浙江女性就业创业的重要途径。[②] 数字经济的高质量发展为女性开创了新的就业空间和领域,为女性平衡家庭和工作提供了新途径,为消除城乡差别提供了新方案。研究数字经济如何影响女性就业创业,数字经济在女性的总体就业、就业结构以及不同的女性个体上如何发挥作用等问题,对消除数字性别鸿沟,展现女性在数字经济中建设者的形象以及促进相关制度机制建立具有重要意义。

第二节　研究意义

本书致力于探究"数字经济如何赋能女性实现高质量就业的动力机制与协同路径"。数字经济已迅猛发展成中国社会经济发展的核心动力,在这样的时代背景下,我们深入思考数字经济为女性高质量就业带来的内在驱动力和各种影响因素,以期揭示出数字经济赋能女性就业的全貌和作用机理。通过系统研究和分析,我们希望找到促进广大女性平等参与数字经济发展并公平分享其发展成果的有效途径和协同模式。这不仅有助于进一步彰显女性在数字经济发展中扮演的建设者、倡导者和奋斗者的关键角色与做出的重要贡献,而且将推动相关制度和机制的建立和完善,从而有力地推动我国数字性别红利的释放,确保广大女性能够享有更加平等、充分和高质量的就业机会。

---

① 中国数字经济为女性创造5700万就业机会[N].中国妇女报,2023-06-06.
② 省妇联10年一次权威调查报告出炉:"半边天"贡献更大力量[EB/OL].(2022-07-07)[2023-01-20].http://zj.zjol.com.cn/news.html? id=1889289.

长期以来,国家各级政府对数字经济在增加就业机会、激发劳动力市场活力、推动企业转型升级以及提升劳动生产率等方面的重要作用给予了高度关注。我国尤其重视女性在劳动力市场中的地位和作用,事实上,我国在促进女性平等参与经济活动方面已经走在了世界前列。根据国际劳工组织的统计数据,2019 年我国女性的劳动参与率已超过 60.57%,这一数字相较于美、英、德等发达国家以及全球平均水平有着显著的优势。在"十四五"时期,我国将继续推动女性依法享有平等的权益保障,鼓励她们积极参与社会主义经济建设,并确保她们能共享经济社会发展的成果。这样做的目的是让广大女性都能够获得基本的经济权利,降低就业歧视的风险,同时也是对我国长远发展规划的贯彻落实。

值得注意的是,女性在数字经济领域的深度参与也对生育意愿产生了重要影响。自 2016 年起,我国开始全面实施一对夫妻可以生育两个孩子的政策;到了 2021 年,更进一步允许符合条件的家庭生育三个子女,并配套了相应的支持措施。近年来,国家在生育支持体系的建设上不断发力,如设立婴幼儿照护个人所得税专项附加扣除等举措。生育政策的调整需要配合创造有利于生育群体的经济环境来实施。研究表明,数字经济极大地促进了灵活就业的发展,而这种灵活性对于职业女性生育间隔的影响尤为明显。稳定性较强的职业女性往往会有更长的生育间隔,而灵活性较高的职业女性则可能选择更短的生育间隔。这表明由数字经济催生的灵活就业在一定程度上有助于平衡工作和家庭生活的关系,为缩短生育间隔提供有利条件。

在当前数字经济已成为我国经济增长主要引擎的新形势下,国家在推进数字经济建设的各个环节中——包括重大政策法规的制定出台、组织结构的优化调整以及执行主体的明确落实等——都主动融入了男女平等的基本国策和保护女性合法权益的精神。这样做的目的是推动所有女性都能平等地参与到数字经济的发展中来,并能公平地分享其带来的成果。这对于我国在全面建设社会主义现代化国家的新征程中,进一步发挥女性在数字经济发展中的主体作用和功能优势,同时推动构建相应的社会支持体系,具有非常重要的现实意义和深远的历史意义。

第三节 研究思路

本书专注于我国数字经济发展赋能女性高质量就业问题,介绍数字经济社会发展给女性在职业选择方面的机会,以及数字经济发展给女性就业带来的挑战,提供保障女性公平进入数字经济社会、维护女性利益、健全计划生育政策与保障实施方面的对策建议,以加速释放我国数字女性红利,确保女性获得更公平、更全面、更优质的就业机会,推动女性平等享有数字经济社会发展的成果。本书的研究思路如图 1-1 所示。

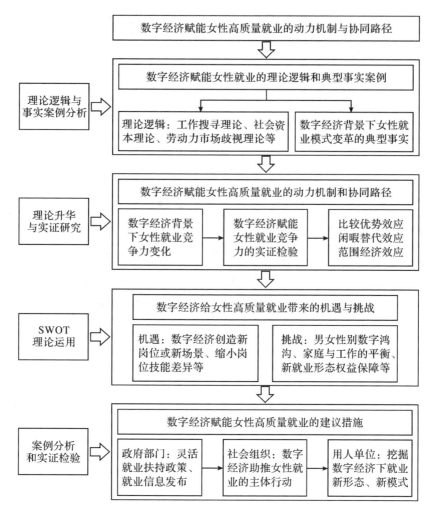

图 1-1 研究思路

第四节　创新点

一、丰富学术研究成果

关于数字经济赋能女性高质量就业这一问题的研究现状,本书认为,数字经济赋能女性高质量就业的内在机理或动力机制尚未得到充分的重视和实证检验,目前的研究成果总体还较薄弱。数字经济赋能女性高质量就业的影响因素也未能形成系统的阐述,对影响数字经济赋能效益和效率的因素未能有充分的讨论。对在各种因素综合作用下,探索数字经济赋能女性高质量就业的协同路径问题,更是缺乏系统研究。本书拟在以上三个方面进行深入的研究和探讨,为政府制定女性共享数字经济成果、实现高质量就业的政策措施提供参考借鉴。

二、彰显学术特色与理论创新

数字经济是引领未来发展的新经济形态,是世界各国抢占国际竞争制高点的战略选择。把数字经济和就业问题尤其是女性高质量就业问题结合起来,这是很大的学术特色与理论创新。本书极大地丰富了数字经济发展相关理论,拓宽了对劳动供给理论、社会资本理论、工作搜寻理论等传统经济学、社会学理论的研究视角,同时对女性就业问题进行专题研究,更是丰富和完善了劳动力就业歧视理论等相关理论的发展。

本章小结

本章主要概括介绍了本书的研究背景、研究意义、研究思路和可能的创新点。本书选题最初源自习近平主席在联合国大会纪念北京世界妇女大会 25 周年高级别会议上的讲话精神,以及当前数字经济已发展成为新一轮科技革命和产业变革重要力量的时代背景。数字经济的蓬勃发展给全社会就业带来了极大的利好,衍生创造了大量新形态的灵活就业岗位,拓宽了劳动者的就业渠道,特别是为女性就业创业带来了巨大的机遇,能更加充分挖掘和发挥女性群体的独特优势。因此本书系统研究数字经济对女性高质量就业的动力机制、影响因素和协同路径,以期使数字经济更好地赋能女性就业,选题研究具有很强的现实意义。本章客观展现了本书研究的框架和脉络,期待本书的研究能丰富当前数字经济和女性就业相关领域的研究成果,能够彰显本书的学术特色和理论创新。

第二章 理论基础与文献综述

第一节 理论基础

一、工作搜寻理论

工作搜寻理论(job search theory)由费尔普斯(Edmund Phelps)等学者提出[①],是指劳动者通过成本—收益分析方法去比较工资报酬的差异,进而选择适合自己的最优工作。通过比较工作搜寻的成本和所能获得的收益来决定自己是否继续进行工作搜寻。戴蒙德(Peter Diamond)、莫滕森(Dale Mortensen)和皮萨里德斯(Christopher Pissarides)基于搜寻匹配理论构建了 DMP 模型(戴蒙德-莫滕森-皮萨里德斯模型)。该模型认为劳动力市场信息是不完全的,同时每个企业给劳动者的报酬不同,劳动者为了获得报酬满意的工作,必须在劳动力市场搜寻。为寻找工作而花费的失业时间越长,劳动者就越能找到满意的工作,获得的工作报酬就越高,但是随着他在劳动力市场

---

① 费尔普斯.自由企业繁荣之路:重振劳动参与及供给[M].毛艾琳,译.北京:中国人民大学出版社,2017.

寻找职业时间的延长,未来寻找到的工作岗位报酬的提高幅度递减,职业搜寻成本增加,职业搜寻时间的边际成本也随之递增。根据成本—收益分析法,当职业搜寻收益大于搜寻成本时,进行职业搜寻就是有利的。

二、社会资本理论

关于社会资本,许多学者都进行过研究。布尔迪厄(Pierre Bourdieu)是最早从经济社会学角度,对社会资本问题进行探讨的学者[1];科尔曼(James Coleman)对社会资本原则展开了较为完整的探讨[2]。本书也是根据上述思路对社会资本原则进行探讨的。社会资本理论认为,个人在社会企业中所占的特殊地位便是企业社会财富增值的过程,而劳动者通过这个特殊关系得到的经济回报越高,则其社会财富也就越多。由于劳动者在搜寻工作的过程中会依赖自身所处的社会位置,因此社会网络越大对其寻找工作越有利。此外,雇主在聘用员工的过程中也需要依赖社会关系,从而扩大其雇佣员工的范围,确保雇佣员工的质量,提升企业的经济效益和社会效益。

劳动就业理论,是现代社会资本理论中应用较多的主流理论。该理论通过对社会网络关系在个人就业中的影响的分析指出,即使在欧美等劳动力市场制度建设较完善的国家里,人们在就业和求职过程中还是会更多依靠自己的社会网络关系,求职者通过自己的社会关系网络来获得信息与帮助,从而容易找到理想的工作。另外,对于雇主而言,利用社交网络找到员工可以拓宽员工领域,并由此提高雇员效率。

---

① 布尔迪厄. 实践的逻辑[M]. 张祖建,译. 北京:中国人民大学出版社,2017.
② 科尔曼. 社会理论的基础[M]. 邓方,译. 北京:社会科学文献出版社,1990.

三、劳动力市场歧视理论

贝克尔(Gary Becker)在 1957 年发表的《歧视经济学》①一书中，第一次对劳动力市场中的歧视进行了探讨，他把歧视看作一种偏好。贝克尔的劳动力市场歧视理论主要包括以下内容。

(一)雇主个人偏见歧视理论

在劳动力市场中，雇主的偏好对于求职者的待遇和机会起着至关重要的作用。然而，当雇主存在歧视性偏好时，这种偏好便可能导致不公平的就业现象，特别是在性别方面。这种偏好表现为雇主倾向于用一种性别的人群来替代另一种性别的人群，并且愿意为此支付不同的工资水平。理想情况下，如果雇主没有性别歧视，那么他们会认为男性劳动者和女性劳动者在同等条件下是可以相互替代的。这种态度将促使雇主在招聘时不受性别影响，而是以劳动者的实际能力和生产力为衡量标准，给予男性劳动者和女性劳动者相同的薪酬水平。这样的市场环境能够确保公平和公正，使得每位劳动者都能得到与其劳动价值相匹配的报酬。然而，现实情况往往并非如此。

在一些用人单位中，由于对女性的偏见或刻板印象，他们往往不愿意以与男性相同的薪酬水平雇佣女性。这种偏见使得女性在求职过程中处于劣势地位，她们往往需要在薪酬上做出妥协，以便能够与男性竞争同一岗位。这种不公平的现象在劳动生产力相当的条件下尤为突出。即使女性劳动者与男性劳动者在技能和效率上相差无几，她们仍然可能因为性别而遭受薪酬上的歧视。这种歧视不仅损害了女性的经济利益，也限制了她们在职场中的发展和晋升机会。

---

① 贝克尔. 歧视经济学[M]. 于占杰,译. 北京:商务印书馆,2022.

（二）双重劳动力市场歧视理论

劳动力市场通常可以划分为两种主要的竞争类型：高级劳动力市场和低级劳动力市场。这两个市场在多个维度上表现出显著差异。在高级劳动力市场中，劳动者往往能够获得更高的工资水平，享受更为稳定的工作机会、优越的工作环境、广阔的职业发展前景。相对而言，低级劳动力市场则呈现出不同的特征：工资水平相对较低，工作环境和条件不尽如人意，职业发展机会相对有限。在当前的劳动力市场中，女性劳动者往往更多地集中在低级劳动力市场，这一现象反映了劳动力市场中存在的性别歧视问题。这种歧视性的做法导致女性在低级劳动市场中的流动性增加，使得她们的工作变得更为不稳定。

由于这种不稳定的工作环境，女性劳动者可能难以积累连续和稳定的工作经验，这在一定程度上影响了她们的职业发展和晋升机会。劳动力市场歧视的存在不仅限制了女性的就业机会，还导致了女性就业质量和就业满意度的显著降低。在同等条件下，女性劳动者往往面临着更低的薪酬水平，这种同工不同酬的现象严重制约了女性的发展。此外，女性在求职过程中还可能遭遇性别歧视，使得她们在竞争激烈的劳动力市场中处于更为不利的地位。为了改善女性在劳动力市场中的处境，我们需要从多个方面入手。首先，政府应出台相关法律法规，禁止劳动力市场中的性别歧视行为，保障女性劳动者的合法权益。其次，企业和用人单位应树立性别平等的观念，在招聘、薪酬、晋升等方面给予女性劳动者公平对待。最后，社会各界也应加强对性别平等和女性权益的宣传教育，提高公众对性别问题的认识和重视程度。同时，我们还应关注女性在职业发展中面临的挑战和困难。

为了提升女性的就业竞争力，政府和企业可以提供针对性的职业培训和教育支持，帮助女性提升职业技能和素质。建立更加灵活多样的就业模式，为女性提供更多的就业机会和选择空间。在推动性别平等和女性就业发展的过程中，还需要注重性别歧视问题的根源。性别歧视往往源于传统观念和文化背景的影响,因此需要通过教育和宣传来逐步改变这些观念。同时,还应加大对性别歧视行为的监督和惩罚力度,确保法律法规得到有效执行。此外,还可以从社会性别角色分工的角度来探讨女性就业问题。在传统的社会性别角色分工中,女性往往被赋予更多的家庭责任,这使得她们在职业发展和就业方面面临更多的挑战。因此,需要推动社会性别角色的平等分工,让男性和女性都能平等地承担家庭和社会责任。

四、劳动供给理论

劳动供给理论中劳动力数量呈现随着工资增长先增加再减少的特征。劳动与休闲是劳动者对自己时间资源进行配置的方式。造成这种现象的原因是替代效应和收入效应。[①] 替代效应是指在生产过程中,随着工资水平的提高,生产环节中的产出环节所占的比重越大,生产环节的产出就越多。收入效应是指劳动者将闲暇视为普通的产品,而消费者在缩短工作时间的同时,仍然能够消费等量的产品,这样就造成了劳动供给的下降。当单位时间内的工资高于保留工资时,替代效应大于收入效应,劳动力供给也会更多。然而,总收入效应会随着工资的提高而变得更大。[②] 在一定工资水平之上,收入效应大于替代效应,劳动力供给会减少,因此,个人劳动力供给曲线会向后弯曲。

通过劳动供给理论可知,劳动者提供的劳动量与收入、闲暇带来的效用有关,当经济发展比较好时,劳动者工资普遍会高,劳动者会用增加的收入来消费以往买不起的物品,那么劳动者享受到的效用水平增加,但闲暇本身就是一种效用,当闲暇增多时,劳动者的效用也会增加,劳动者的供给量会视自己的情况而决定。劳动供给曲线反映的是

---

① 郭继强. 工资、就业与劳动供给[M].北京:商务印书馆,2008.
② 马歇尔. 经济学原理[M].文思,译. 北京:北京联合出版公司,2015.

大多数人的情况,但是未考虑到不同性别劳动者在供给劳动时会受不同因素影响,而不只是与收入或闲暇有关。女性由于在家庭中扮演着多种角色,所以女性劳动力供给情况比较复杂,不能只依靠劳动供给理论,由此需要引入家庭经济分析理论。

五、家庭经济分析理论

贝克尔对经济分析的突出贡献在于他成功地将微观经济学的分析框架引入劳动经济领域,特别是引入家庭范畴内。劳动经济领域以往主要聚焦于厂商和消费者的研究。[①] 他创造性地运用经济学的研究方法,将政治学、社会学、法学、教育学、人口学、生物学等多学科关于家庭问题的研究紧密地联结起来,为家庭生活的多维度提供了深入且独特的经济学分析视角。在贝克尔的理论框架中,家庭被视作一个类似企业的生产单位。家庭的各个成员作为生产要素投入者,他们的投入将带来包括子女成长、技能提升、健康维护、声誉积累等在内的多元化家庭产出。这些产出的实现受到货币和时间的双重约束。

家庭决策的过程实际上就是在有限的货币和时间资源下寻求最优配置,以实现家庭效用最大化的目标。然而,在当前关于数字经济、人工智能与女性就业问题的研究中,尽管"母职惩罚"现象得到了广泛的关注,但在探讨如何扩展女性就业空间时,往往更多地聚焦于数字经济和人工智能是否提供了更多的灵活就业机会。这种讨论虽然有其合理性,但也在一定程度上模糊了工作与家庭之间的界限,未能充分考虑到女性在家庭中的角色和责任对她们就业选择的影响。灵活就业机会的增多,看似为女性提供了更大的职业选择空间,但实际上可能加剧了工作与家庭之间的冲突。因为灵活就业往往意味着工作时间的不固定和工作地点的灵活性,这反而可能增加了女性平衡家庭

---

① 贝克尔.人类行为的经济分析[M]. 王业宇,陈琪,译.北京:格致出版社,2015.

和工作的难度。同时,由于家庭产出的特殊性和不可替代性,女性在家庭中的角色和责任往往使她们在面临就业选择时更加谨慎和保守。

因此,在探讨数字经济、人工智能与女性就业问题时,我们需要更加深入地思考如何构建一个既能够充分发挥女性职业潜能,又能够尊重她们在家庭中的角色和责任的社会环境。这需要我们不仅关注灵活就业机会的提供,还要关注如何通过政策、法律和文化等多方面的努力,为女性创造一个更加公平、包容和支持性的就业环境。具体而言,政策制定者可以考虑出台更加灵活的工作时间制度、提供针对女性的职业培训和教育机会、推动性别平等的企业文化建设等措施。同时,法律也可以进一步保护女性在职场中的权益,防止因性别歧视而导致的就业不公平现象。在文化层面,我们需要推动社会观念的转变,打破对女性角色的刻板印象,鼓励女性追求自己的职业梦想,实现自我价值。总之,贝克尔的经济学分析框架为我们提供了一个全新的视角来看待家庭与就业问题。[①] 在数字经济和人工智能快速发展的背景下,我们需要更加深入地思考如何平衡女性的职业发展和家庭责任,为她们创造一个更加公平、包容和支持性的就业环境。

六、人力资本理论

20 世纪 60 年代,美国经济学家贝克尔、舒尔茨等人提出了"人力资本"这一创新性的概念[②],为人们提供了一个全新的认识视角,深化了对资本的理解与认知。在传统观念中,物质资本占据着主导地位,它通常表现为物质产品所体现的资产,如厂房、机器、设备等有形资本,这些资本在经济发展中发挥着重要作用。

---

① 贝克尔. 生活中的经济学[M]. 章爱民,徐佩文,译. 北京:机械工业出版社,2024.

② 贝克尔. 生活中的经济学[M]. 章爱民,徐佩文,译. 北京:机械工业出版社,2024;舒尔茨. 对人进行投资[M]. 吴珠华,译. 北京:商务印书馆,2023.

　　然而，人力资本概念的提出，让人们开始关注到一种更为重要且特殊的资本形式，即体现在人身上的资本。人力资本并非以物质形态存在，而是一种无形的资本，它体现在个体的知识、劳动和管理等技能以及身体健康特征的存量之上。这种资本的形成与积累，主要源于个体为了提升自己的就业技能而进行的各种投资与努力。这些投资包括但不限于正规学校教育、职业培训以及接受教育的机会成本等。通过这些投资，个体能够获取更多的知识和技能，提升自身的综合素质和能力，从而在劳动力市场中获得更好的就业机会和更高的收入水平。对人力资本进行投资，其效益是基本且显著的。一方面，人力资本的提升有助于个体在劳动力市场中获得竞争优势，实现更好的职业发展。另一方面，人力资本的积累也有助于推动社会经济的整体进步与发展。一个拥有高素质劳动力的国家，往往能够在科技创新、产业升级等方面取得更为显著的成就。

　　值得注意的是，人力资本的积累并不仅仅局限于正规的学校教育。实际上，任何能够帮助人们掌握某种技术的投资与培训，都可以视为人力资本的积累，包括但不限于在职培训、技能提升课程、实习经验以及个人自学等多种形式。这些投资虽然形式各异，但共同的目标都是提升个体的技能和素质，从而在劳动力市场中更具竞争力。因此，在当今社会，我们应该更加重视人力资本的投资与积累。政府、企业和社会各界应该共同努力，为个体提供更多的教育资源和培训机会，帮助他们不断提升自己的技能和素质。同时，个体也应该积极把握各种学习和提升的机会，不断充实自己的知识和技能储备。

第二节　国内外文献综述

近年来"数字经济"作为现象级经济形态,逐渐受到国内外学者"青睐",相关研究逐年增多。

一、国外研究现状

数字经济作为经济发展中一种不容忽视的新业态,对就业产生了深远的影响。Tapscott[①]较早地提出"数字经济"概念,他认为数字经济阐明了新经济、新业务和新技术之间的关系,他还强调互联网作为基础设施的重要性,但未给出"数字经济"的明确定义。1998年开始,美国商务部连续三年发布《新兴的数字经济》报告,将IT支持的经济活动纳入"数字经济"定义。"数字经济"概念开始在全社会广泛使用。随着互联网的商业化应用,有机构和学者将电子商务等同于数字经济。例如,美国人口调查局将数字经济分为三部分,包括电子商务基础设施、电子商务流程和电子商务交易。

进入21世纪后,以区块链、大数据、人工智能、云计算等为代表的数字技术高速发展,对各类信息进行识别、存储、计算、分析、应用的方式发生了大变革,为数字经济发展提供了强大支撑,丰富了数字经济的内涵。经济合作与发展组织(OECD)将数字经济的概念界定为经济社会发展的数字化转型,构建了数字经济卫星账户并尝试编制供给使用表,以期全面系统地测度数字经济。[②] 美国经济分析局(BEA)于

---

① Tapscott D. The digital economy:Promise and peril in the age of networked intelligence[M]. New York:McGraw Hill,1996.

② OECD. Enhancing job quality in emerging economies[M]//OECD employment outlook 2015. Paris:OECD Publishing,2015.

2018 年发布《定义和测度数字经济》研究报告,进一步指出数字经济主要指向互联网以及相关的信息通信技术,将其范围界定为数字基础设施、电子商务和数字媒体三个方面,并在此基础上对数字经济增加值进行测算。[①] 也有研究如 Goldfarb 和 Tucker [②]从具体内容出发,将数字经济细分为三类:核心的数字部门,即生产数字产品和服务的 IT/ICT(信息技术/信息通信技术)部门;狭义的数字经济部门,扩展到数字服务、平台经济和共享经济等新兴商业模式;广义的数字经济部门,扩展到电子商务、算法经济和工业 4.0。

近几年的研究中,国外学者认为数字经济对就业的影响主要集中在就业总量、就业结构和就业质量三个方面。

(一)数字经济对就业总量的影响

1. 数字经济创造新就业岗位

一种观点认为数字经济会对就业产生创造效应。Wasserman 和 Richmond-Abbott[③]提出数字经济发展在替代劳动力的同时,也创造了大量新职业和新岗位。一方面,数字产业化的推进增加了对高端技术人才的需求,创造了人工智能工程技术人员、数据库运行管理员和工业互联网工程技术人员等新职业。另一方面,数字经济的发展催生出新业态和新模式,平台经济和共享经济的兴起突破了就业空间和时间限制,使得就业形式更加灵活和多样化,创造了网约车司机、外卖骑

---

① Barefoot K, Curtis D, Jolliff W, et. al. Defining and measuring the digital economy[M]. Washington, DC: US Department of Commerce Bureau of Economic Analysis,2018.

② Goldfarb A, Tucker C. Digital economics[J]. Journal of Economic Literature, 2019(1):3-43.

③ Wasserman I M, Richmond-Abbott M. Gender and the internet: Causes of variation in access, level, and scope of use[J]. Social Science Quarterly, 2005 (1): 252-270.

手和网络营销师等新职业,吸纳了大量因数字经济替代效应而失业的劳动力。一项基于美国劳动力市场的研究发现:与补偿效应相比,就业创造效应机制发挥的作用更强。综上,数字经济依托数字技术发展和融合应用创造大量新岗位和新职业,成为新增就业机会的重要来源。

有些学者则用实证分析的方法来证明数字经济促进就业岗位增长。Elsby 和 Shapiro[1] 实证测算出美国移动通信技术的更新换代和数字基础设施建设使得就业岗位增加了 158.5 万个,美国的 4G 技术普及率每提高 10%,就业岗位会相应增加 23.1 万个。Acemoglu 和 Restrepo[2] 利用美国市场数据,实证分析了数字技术对就业会产生创造效应,而这种效应使得美国 1980—2010 年就业岗位不断增加。

在研究数字经济对不同性别的影响方面,国外的研究大多认为伴随着数字经济的不断发展,男性和女性的就业结构也有了很大的改变。在互联网的普及和教育资源信息化的推动下,女性在就业中所占的比重和劳动报酬都有了显著的提升。Stevenson[3] 研究指出,数字化的应用可以减少劳动力市场的信息不对称性,增加劳动力信息透明度,提高劳动力市场流动性,使得劳动者能找到适合自己的岗位,由此促进就业。Autor[4] 认为,数字经济使社会生产效率得到了提升,从而推动了全社会生产力发展,使劳动者工作报酬得到了进一步增加,促进了就业。

---

① Elsby M W L, Shapiro M D. Why does trend growth affect equilibrium employment? A new explanation of an old puzzle[J]. American Economic Review,2012 (4):1378-1413.

② Acemoglu D, Restrepo P. The race between man and machine:Implications of technology for growth, factor shares, and employment[J]. American Economic Review, 2018(6):1488-1542.

③ Stevenson B. The internet and job search[Z]. NBER,2008.

④ Autor D H. Why are there still so many jobs? The history and future of workplace automation[J]. Journal of Economic Perspectives,2015(3):3-30.

2.数字经济替代部分就业岗位

在技术进步过程中,机器对人的替代效应一直被关注和讨论。自动化进程的加速引发众多学者的担忧,Brynjolfsson 和 Kahin[①] 认为新技术会使得劳动力过剩。Acemoglu 和 Restrepo[②] 提出基于任务的框架来分析自动化对劳动力需求的影响,认为自动化技术影响了不同生产要素之间的任务分配,使资本在一系列任务中替代劳动力,产生就业替代效应。Frey 和 Osborne[③] 按照易受自动化影响的程度,将美国 702 种职业分为高风险、中风险和低风险三类,预测在未来 20 年有 47% 的美国工人存在因自动化快速发展而被替代的风险,并基于国际成人能力评估调查(PIAAC)数据进一步将工作按照涉及的任务进行分类后发现,约有 14% 的工作面临自动化的高风险,32% 的工作由于受到自动化的影响,其执行方式和对技能的要求会发生改变。Yang 等[④]分析了人工智能对中国劳动力的替代程度,预计到 2049 年中国将有 2.78 亿劳动力被人工智能(AI)替代,占中国当前就业人数的 35.8%,并且人工智能对女性、老年、低受教育水平和低收入劳动力的替代影响更大。

数字经济是基于数字技术的新型经济形态,不仅是自动化程度的延续,而且呈现出以人工智能为核心驱动的智能化特征,因此其可替

① Brynjolfsson E, Kahin B. Understanding the digital economy: Data, tools, and research[M]. Cambridge: MIT Press, 2002.

② Acemoglu D, Restrepo P. The race between man and machine: Implications of technology for growth, factor shares, and employment. American Economic Review, 2018 (6): 1488-1542.

③ Frey C B, Osborne M A. The future of employment: How susceptible are jobs to computerisation? [J]. Technological Forecasting and Social Change, 2017(1): 114, 254-280.

④ Yang J, Zheng Y A, Gou X, et al. Prevalence of comorbidities and its effects in patients infected with SARS-CoV-2: A systematic review and meta-analysis [J]. International Journal of Infectious Diseases, 2020(94): 91-95.

代的就业范围呈现不断扩大的趋势,从对中低端、体力劳动的替代扩展至对中高端和脑力劳动的替代,就业岗位将进一步减少。Frey 和 Osborne[①] 提出,在数字经济时代,随着人工智能的发展,其所能被替代的工作领域也在不断扩展,对人的替代由体力过渡到了脑力。Goos 等[②]研究发现,在美国和欧洲,因为数字技术的应用,中等技能从业者的就业岗位替代效应明显,并且他们的工资也逐渐减少。Böhm[③] 认为,数字经济作为技术进步的一种,加速了劳动力群体内部的不平等,对女性群体的替代作用明显。

3. 数字经济补偿对劳动力需求

Tranos 和 Proutiere[④] 提出,数字经济使得生产规模扩大和有效需求增加,进而增加对劳动力的需求。Gregory 等[⑤]基于欧洲 27 个国家的数据研究发现,技术变革对劳动力的影响渠道不仅包括资本对劳动的直接替代效应,还包括通过产品需求和溢出效应引致的劳动力补偿效应。Aghion 等[⑥]也验证了就业补偿效应机制,发现自动化程度提高有利于企业提高销售额和扩大生产规模,进而增加就业岗位。

综上,各研究团队先后提出数字经济的就业补偿效应机制可以归

① Frey C B, Osborne M A. The future of employment: How susceptible are jobs to computerisation? [J]. Technological Forecasting and Social Change, 2017(114): 254-280.

② Goos M, Manning A, Salomons A. Job polarization in Europe[J]. American Economic Review, 2009(2): 58-63.

③ Böhm M J. The price of polarization: Estimating task prices under routine-biased technical change[J]. Quantitative Economics, 2020(2): 761-799.

④ Tranos D, Proutiere A. Regret analysis in deterministic reinforcement learning [C]//2021 60th IEEE conference on decision and control (CDC). IEEE, 2021: 2246-2251.

⑤ Gregory A, Clawson K, Davis A, et al. The promise of restorative practices to transform teacher-student relationships and achieve equity in school discipline[J]. Journal of Educational and Psychological Consultation, 2016(4): 325-353.

⑥ Aghion P, Antonin C, Bunel S, et al. What are the labor and product market effects of automation? New evidence from France[Z]. CEPR, 2020.

纳为如下三个方面:首先是 Autor 和 Salomons[①] 提出的"价格效应",随着数字技术的广泛应用,自动化和智能化生产降低了生产成本和产品价格,进而增加消费者对相关产品的需求,扩大该行业生产规模,从而增加就业岗位;其次是 Mesenbourg[②] 提出的"溢出效应",生产效率提高使得生产成本和产品价格降低,增加了消费者实际收入,扩大了对其他行业或部门产品的需求,扩大相关行业或部门的生产规模并增加就业岗位;最后是 Acemoglu 和 Restrepo[③] 提出的"规模效应",产业数字化转型本质上提高了生产效率,降低企业生产经营成本从而自发地扩大生产规模,表现为所有行业对劳动力需求的增加。

(二)数字经济对就业结构的影响

1. 对产业结构的影响

产业结构受到数字经济的影响,表现为就业人数及其比重的变化。数字经济在加速产业结构升级的过程中造成劳动力在不同产业间的结构调整。Fuior[④] 研究认为,服务业特别是快递和餐饮服务更容易实现自动化,但农业和制造业就业受到自动化的影响更大。数字经济释放了农业劳动力,减少了第二产业的就业人数(特别是制造业的就业人数),增加了第三产业的就业人数,产业之间实现了流动。从对农业部门的影响来看,第一产业比重持续下降,农业部门就业人数

---

①　Autor D, Salomons A. Is automation labor-displacing? Productivity growth, employment, and the labor share[R]. National Bureau of Economic Research,2018.

②　Mesenbourg T L. Measuring the digital economy[R]. U. S. Bureau of the Census,2001.

③　Acemoglu D, Restrepo P. Robots and jobs: Evidence from US labor markets [J]. Journal of Political Economy,2020(6):2188-2244.

④　Fuior E Z T. Digital Economy and Economic Growth [J]. Economy Transdisciplinarity Cognition,2022(25):57-71.

急剧减少并向制造业部门转移。Autor[①] 以美国为例,研究发现 1900—2000 年,农业相关工作人数由 41% 下降到 2%。并且随着数字经济的发展,原本受自动化影响较小的农业非常规任务,会因为人工智能等数字技术的创新和应用而得到改善,由此造成农业就业人数还将继续下降。另外,Elsby 和 Shapiro[②]、ABS[③]、Ojanperä 等[④]相当一部分的研究都指出了技术进步对于农业发展的影响,覆盖作物施种、识别、采摘等全过程全领域。

从对工业制造业的影响来看,数字技术的广泛应用,使得制造业更加自动和智能,一部分学者认为这对就业存在负面影响。Frey 和 Osborne[⑤] 分别通过德国、美国的制造业数据,分析计算得出自动化进步使得制造业的就业人数下降。也有研究认为新技术对制造业就业并不一定产生负面影响,这与技术对需求的影响有关,自动化技术不仅使得机器替代了劳动力,同时将降低价格,提高产品质量及定制或交付的速度,进而增加需求,如果需求充分增加,即使单位产出所需的劳动力减少,最终也会促进就业机会增加。如果产品需求弹性足够大,自动化技术将会增加就业。Lanz 等[⑥]利用 1990—2016 年西班牙制造业企业数据集研究发现,使用机器人的制造业企业就业岗位增

① Autor D H. Why are there still so many jobs? The history and future of workplace automation[J]. Journal of Economic Perspectives,2015(3):3-30.

② Elsby M W L, Shapiro M D. Why does trend growth affect equilibrium employment? A new explanation of an old puzzle[J]. American Economic Review,2012(4):1378-1413.

③ ABS. Measuring digital activities in the Australian economy[R]. 2019.

④ Ojanperä S, Graham M, Zook M. The digital knowledge economy index: Mapping content production[J]. The Journal of Development Studies,2019(12):2626-2643.

⑤ Frey C B, Osborne M A. The future of employment: How susceptible are jobs to computerisation? [J]. Technological Forecasting and Social Change,2017(114):254-280.

⑥ Lanz R, Lundquist K, Mansio G, et al. E-commerce and developing country-SME participation in global value chains[Z]. WTO Staff Working Papers,2018.

加,因为产出的增长远远大于劳动力成本份额的下降。Parschau 和
Hauge[1] 关注了自动化对发展中国家制造业就业的影响。他们通过
研究南非服装制造业发现,自动化技术使得生产率提高,价格降低带
来的业务增长促进了服装行业的就业。因此,由于样本数据、行业选
择以及实证方法不同,现有研究得出的结论差异较大,研究结论是否
可推广值得商榷。综上,数字经济发展对工业制造业就业的影响需结
合不同国家、不同行业的具体情况进一步探讨。

　　Autor 等[2]研究发现,从服务业看,相对而言服务业高度依赖从业
者的人际沟通技能,较难实现高度自动化,而自动化技术对常规任务
的替代将低技能劳动力重新分配到服务业,促进了服务业就业增长。
研究还发现,数字技术的发展往往会增加批发、零售和金融等服务行
业就业。但也有不同意见,例如 Biagi 和 Falk[3] 研究发现,在专业服务
行业也有很大一部分可以通过当前技术实现自动化,从而实现仅靠少
数专家就能指导提供大量专业服务。Statistics Canada[4] 进一步将人
工智能区分为机械智能、分析智能、直觉智能和共情智能四种发展程
度。随着发展程度的加深,人工智能将替代所有人工服务工作。而对
消费者偏好的分析表明,儿童保育、医疗保健、教育等人力密集型服务
很难被机器人取代。Goos 等[5]也发现,短期内需要人与人之间互动和
接触的服务将很难被替代。因此,整体而言,数字经济发展促进了服
务业就业增长,未来服务业就业趋势将受到数字技术发展程度、应用

　　① Parschau C, Hauge J. Is automation stealing manufacturing jobs? Evidence from
South Africa's apparel industry[J]. Geoforum,2020(115):120-131.

　　② Autor D H, Dorn D, Hanson G H. The China syndrome:Local labor market
effects of import competition in the United States[J]. American Economic Review,2013
(6):2121-2168.

　　③ Biagi F,Falk M. The Impact of ICT and e-commerce on employment in Europe
[J]. Journal of Policy Modeling,2017(39):1-18.

　　④ Statistics Canada. Results from the digital economy survey[R]. 2018.

　　⑤ Goos M, Manning A, Salomons A. Job polarization in Europe[J]. American
Economic Review,2009(2):58-63.

成本以及消费者偏好等因素的共同影响。

2. 对技能结构的影响

技术进步使得劳动力市场的技能结构发生变化,因此技术进步具有技能偏向性。Acemoglu 和 Autor[①] 团队认为,从常规意义上来说,高技能工人就业扩大的同时也降低了对低技能工人的需求。Consoli 和 Sánchez-Barrioluengo[②] 研究发现,事实表现有所不同。例如,20 世纪 90 年代之后,美国高技能工人和低技能工人就业均呈现增长趋势,欧洲亦然。

Autor 等[③]较早提出"程式化任务"假设对这一现象进行解释,认为技术进步替代了从事安装、生产、运输等执行常规任务的工人,增加了对执行抽象任务和手工任务工人的相对需求(分别对应高技能工人和低技能工人)。在此基础上,学界进一步提出了"基于常规的技术进步"(routine biased technological change,RBTC)假设,认为技术变革具有替代常规任务的倾向,减少了中等技能职业相对于高技能和低技能职业的需求。后期,新技术对就业技能需求的影响逐渐归为技能偏向型和任务偏向型两类,使得劳动力就业技能结构呈现出不同的特征。此外,这也与不同国家的教育制度有关。例如,德国的就业两极分化趋势不如其他欧洲国家明显,这可能与德国的双元制职业培训模式有关。

---

① Acemoglu D, Autor D. Skills, tasks and technologies: Implications for employment and earnings[Z]. NBER, 2010.

② Consoli D, Sánchez-Barrioluengo M. Polarization and the growth of low-skill service jobs in Spanish local labor markets[J]. Journal of Regional Science, 2019(1): 145-162.

③ Autor D H, Levy F, Murnane R J. The skill content of recent technological change: An Empirical Exploration[J]. Quarterly Journal of Economics, 2003(4): 1279-1333.

3.对性别结构的影响

数字经济给改善就业的性别差距带来机遇和挑战。一方面,数字技术发展使得工作安排更加灵活,例如线上工作、电子商务和零工经济等新模式通过创造新的机会有利于缩小劳动力参与方面的性别差距。Gómez-Luna 等[①]研究发现,数字经济的发展,有助于女性更好地平衡工作和家庭,从而对女性劳动力需求产生积极影响。Fossen 和 Sorgner[②] 使用微观调查数据,估算互联网的使用对劳动力供给的影响。结果显示,互联网使已婚女性的劳动参与率提高了 4.1 个百分点,而对男性和单身女性没有影响。另一方面,数字经济发展过程中也产生了数字鸿沟现象。数字鸿沟是指数字基础设施接入、使用和获益在不同地区和群体之间分布不均衡的现象。数字鸿沟现象可能更多地惠及"优势群体",Hilbert[③] 认为,在就业、教育和收入等方面长期存在的不平等使得部分"劣势"女性无法使用数字技术,从而在数字鸿沟、失业和低收入之间形成恶性循环。

(三)数字经济对就业质量的影响

就业质量是一个综合性概念,国内外学者和国际组织分别从不同角度定义和测度就业质量。国际劳工组织较早提出体面劳动概念,在

---

① Gómez-Luna E, Fernando-Navas D, Aponte-Mayor G, et al. Metodología para la revisión bibliográfica y la gestión de información de temas científicos, a través de su estructuración y sistematización[J]. Dyna,2014(184):158-163.

② Fossen F M, Sorgner A. New digital technologies and heterogeneous employment and wage dynamics in the United States:Evidence from individual-level data [R]. IZA-Institute of Labor Economics,2019.

③ Hilbert M. Digital gender divide or technologically empowered women in developing countries? A typical case of lies, damned lies, and statistics[J]. Women's Studies International Forum, 2011(6):479-489.

有工作机会的基础上强调了自由、公平、保障和尊严。Lechman 和 Kaur[①] 提出工作生活质量概念，关注工作对个体的影响，认为应充分考虑劳动者工作和生活的平衡。而后，他们又从宏观层面将就业质量定义为劳动力市场运行状况和资源配置效率的综合反映。OECD[②] 对就业质量指标选取和测度方面进行研究，宏观视角主要从就业环境、劳动报酬、社会保护、劳动关系和就业能力等方面选取指标，微观视角关注劳动者个体就业质量的衡量和评价，劳动者的工资收入、工作时间、社会保障、工作满意度，劳动者与工作的匹配度等维度。在探讨数字经济对就业质量的影响时，国外研究更多地探讨了数字经济对就业质量某一具体维度的影响，主要集中在工资收入、工作时间、社会保障和工作匹配度等方面，具体如下。

1. 数字经济对工资收入的影响

数字经济对工资收入的影响存在争议，既有研究分别得出了存在积极影响和消极影响的结论。以 Miller 和 Wilsdson[③] 为代表的研究发现，机器人使用数量的增加对工资收入有显著负面影响。Acemoglu 和 Restrepo[④] 等学者基于美国劳动力市场的研究得出了一致的结论，即机器人的使用对劳动力工资收入具有不利影响。

① Lechman E，Kaur H. Economic growth and female labor force participation-verifying the U-feminization hypothesis. New evidence for 162 countries over the period 1990-2012[J]. Economics & Sociology,2015(1):246-257.

② OECD. Bridging the digital gender divide：Include, upskill innovate[EB/OL] (2018-09-23)［2019-02-01］. https://www. researchgate. net/publication/329144162_Bridging_the_digital_gender_divide_Include_upskill_innovate/download.

③ Miller P，Wilsdon J. Digital futures—An agenda for a sustainable digital economy[J]. Corporate Environmental Strategy,2001(3):275-280.

④ Acemoglu D，Restrepo P. The race between man and machine：Implications of technology for growth，factor shares，and employment[J]. American Economic Review, 2018(6):1488-1542.

Giuntella 等①使用中国家庭追踪调查数据(CFPS)的研究表明,机器人的使用会降低工人时薪,但对年工资的影响不显著。Lee 和 Clarke② 使用 2009—2015 年英国劳动力市场数据研究发现,高科技产业的增长降低了低技能工人的平均工资。在实证研究方面,众多学者利用德国机器人数据进行实证检验发现,机器人的使用显著提高了高技能工人工资收入,但对低技能工人尤其是中等技能制造业工人产生了较大的负面影响,从而加剧了工资不平等。Braxton 和 Taska③ 认为,在受技术变革影响更大的职业中,被替代的工人收入下降更多。也有研究如 Autor④ 认为,数字经济发展促进了生产力水平的提高,增加了对高技能劳动力的需求,从而显著提高了劳动者整体工资水平。Graetz 和 Michaels⑤ 使用 1993—2007 年 17 个国家的数据进行实证检验发现,工业机器人的使用显著提高了全要素生产率和劳动力的平均时薪。

另有一些学者,通过建构模型得出更丰富的结论。Tapscott⑥ 通过构建模型分析得出,自动化降低了低技能工人的实际工资,提高了技能溢价,应通过投资高等教育提高高技能工人的比例,缓解自动化对工资不平等的影响。Prettner 和 Strulik⑦ 通过构建模型得出,高技

---

① Giuntella O, Lu Y, Wang T. How do workers and households adjust to robots? Evidence from China[R]. NBER,2022.

② Lee N, Clarke S. Do low-skilled workers gain from high-tech employment growth? High-technology multipliers, employment and wages in Britain[J]. Research Policy,2019(9):1-11.

③ Braxton J C, Taska B. Technological change and the consequences of job loss [J]. American Economic Review,2023(2):279-316.

④ Autor D H. Why are there still so many jobs? The history and future of workplace automation[J]. Journal of Economic Perspectives,2015(3):3-30.

⑤ Graetz G, Michaels G. Robots at work[J]. Review of Economics and Statistics,2018 (5):753-768.

⑥ Tapscott D. The digital economy:Promise and peril in the age of networked intelligence[M]. New York:McGraw-Hill,1996.

⑦ Prettner K, Strulik H. Innovation, automation, and inequality:Policy challenges in the race against the machine[J]. Journal of Monetary Economics,2020 (116):249-265.

能工人是机器的补充,而低技能工人是机器的替代品。随着技术进步,生产中使用的机器越来越多,高技能工人的工资相对低技能工人的工资有所增加,增长的技能溢价促使更多的人接受高等教育,进而将导致工资收入不平等加剧。Acemoglu 和 Restrepo[①] 将异质性技能引入基于任务的模型发现,自动化替代了非熟练工人,同时产生新的任务使得熟练工人受益,在短期内导致不平等加剧,但长期而言,新任务的标准化限制了不平等的加剧。

2.数字经济对工作时间的影响

数字技术有利于突破地理空间限制,促进信息和服务的持续提供,使得工作能够在非标准时间进行,这种变化是对传统的时间和空间组织的颠覆性变革。Herr 和 Wolfram[②] 等学者的研究成果普遍认为互联网和人工智能等数字技术的普及延长了劳动者工作时间,增加了工作强度。一方面,数字经济的发展为工人提供了更大的自主权,增加了工人对工作模式的选择。另一方面,这也可能导致对工人进行更集中的控制和监督。例如,数字平台的兴起扩大了全天候实时监控员工的可能性,增加员工因密切监控产生的精神压力。由此,有学者提出了努力偏向性技术变革假设。该假设认为,信息通信技术使得管理层能够最大限度地利用劳动力以维持正常的工作流程,显著增加了工人的工作强度和工作压力。Turcan 等[③]以意大利高科技汽车研发

---

① Acemoglu D, Restrepo P. The race between man and machine: Implications of technology for growth, factor shares, and employment[J]. American Economic Review, 2018(6):1488-1542.

② Herr J L, Wolfram C D. Work environment and opt-out rates at motherhood across high-education career paths[J]. Industrial and Labor Relations Review,2012(4): 928-950.

③ Turcan N, Rusu A, Cujba R. Study on the Mapping of Research Data in the Republic of Moldova in the Context of Open Science [J]. International Journal of Advanced Statistics and IT & C for Economics and Life Sciences,2019(1):11-22.

公司为例,在工人干预生产过程的权利方面,数字化和自动化减少了工人的自主空间,增加了管理控制的形式,使得工人的工作时间普遍增加。Lordman 和 Neumark[1] 利用美国家庭微观数据实证检验发现,机器人暴露每增加一个标准差,工人的月平均工作小时数显著增加了 12.6%～14.2%,并且,在机器人使用更多的城市,工人工作时间更长,以弥补时薪的降低。研究还发现互联网平台的使用使得随时随地办公成为可能,导致工作和生活界限模糊,进而延长了工人工作时间。另有一份基于中国普通职工的调查数据发现,职业自动化的概率越大,工人将面临更高的工作不安全感,其职业倦怠感发生的概率也越高。

3. 数字经济对社会保障的影响

Böhm[2] 指出,数字经济发展催生了新业态和新就业模式,平台经济作为数字经济的一种特殊形态,使得人们的工作方式从长期性的"标准合约"向"灵活任务型"转变。新就业形态增加了兼职的可能性,但也会使得就业者被排除在社会保障体系之外。Elsby 和 Shapiro[3] 指出按照传统的分类,平台就业者通常被归纳为自由职业者,这种非标准就业意味着风险和责任的转移,平台免除了其中的大部分责任,而将社会保障义务外部化到就业者身上。同时,Bloom 等[4]研究发现,与其他就业群体相比,平台就业者的工作具有碎片化和不稳定等特征,导致其收入低和收入不稳定,自己往往难以承担所有的社会保

---

① Lordman G, Neumark D. People Versus Machines: The Impact of Minimum Wages on Automatable Jobs[J]. Labour Economics,2018(6):40-53.

② Böhm M J. The price of polarization: estimating task prices under routine-biased technical change[J]. Quantitative Economics,2020(11):761-799.

③ Elsby M W L, Shapiro M D. Why does trend growth affect equilibrium employment? A new explanation of an old puzzle[J]. American Economic Review,2012(4):1378-1413.

④ Bloom N, Liang J, Roberts J,et. al. Does Working from Home Work? Evidence from a Chinese Experiment[J]. The Quarterly Journal of Economics,2015(1):165-218.

障成本,因而无法参加社会保险。Dettling① 调查研究发现,平台从业者对这些法律规定的保险形式的参与率均不到 15%。临时性工作的普遍增加也使得工人难以积累就业和社会保障权利,如产假、带薪休假和失业救济金等。为了应对数字经济发展给劳动力社会保障带来的冲击,有必要从法律框架上明确数字平台从业者的雇佣关系性质,以保障平台就业者的福利和权益。数字经济给劳动者社会保障带来冲击的同时也产生了一定的积极作用,如大数据能够帮助确定社会保障覆盖范围,人工智能通过更加自动化的业务流程提高服务质量并降低成本,数字技术的发展为扩大社会保障覆盖范围开辟了新的政策空间。

4. 数字经济对工作匹配度的影响

理论上,数字技术降低了搜索成本,同时扩大了经济主体之间匹配的潜在范围。Biagi 和 Falk② 研究发现,匹配效率的提高将进一步提高公司和劳动者之间的匹配质量。从实证研究来看,有研究认为互联网对劳动力市场匹配的影响有限。例如,Kuhn 和 Mansour③ 研究发现,在网上找工作的失业者比同等的非互联网搜索者失业时间更长。通过德国早期高速互联网(DSL)扩张这一准自然实验分析发现,互联网扩张对新员工工作匹配的稳定性和工资没有显著影响。European Commission④ 探讨了数字经济发生率与各国摩擦性失业之间的相关性,发现失业率和数字支付发生率之间呈显著负相关。德国社会经济小组(SOEP)数据显示,网上求职显著提高了求职者的工作匹配质量,在线求职者在新工作中能更好地利用自己的技能,获得晋

① Dettling L J. Opting back in: Home internet use and female labor supply[Z]. Working Paper,2012.

② Biagi F,Falk M. The Impact of ICT and e-commerce on employment in Europe [J]. Journal of Policy Modeling,2017(39):1-18.

③ Kuhn P, Mansour H. Is internet job search still ineffective? [J]. The Economic Journal,2014 (581):1213-1233.

④ European Commission. Digital economy and society index[Z]. 2015.

升的可能性将变大,对工作类型满意度将显著提升。

二、国内研究现状

2016年,G20杭州峰会发布的《二十国集团数字经济发展与合作倡议》提出,数字经济是指以使用数字化的知识和信息为关键生产要素、以现代信息网络为重要载体、以信息通信技术的有效使用为效率提升和经济结构优化的重要推动力的一系列经济活动。根据这一定义,相对于工业经济来讲,数字经济是一种新的经济发展范式,数据成了数字经济时代关键的生产要素,从而带来了生产关系和生产力的全面变革。数字经济加速了社会经济各领域的数字化进程,成了我国经济发展的新动能,助力我国经济提质增效,同时也深刻影响了我国劳动力市场的运行结构。该定义从要素、载体和动力三个方面揭示了数字经济的关键特征。数字经济与产业深度融合是现今数字经济发展的内在要求之一。关于数字经济影响就业的多数文献聚焦于数字经济对就业总量的影响。通过数字产业化、产业数字化和数字平台化,数字经济为实体经济提供了新产业、新效率、新平台,同时数字经济也给实体产业带来较大的冲击。

关于数字经济对就业的影响,国内大多数学者都是从数字经济对就业岗位的影响方面开展研究,特别是对岗位产业结构、岗位提供数量、岗位性别结构、岗位工作水平等较为宏观的方面进行阐释。李晓华[①]、马晔风和蔡跃洲[②]等大多数学者对数字经济带来的影响持肯定、认可、正向观点,认为数字经济的发展带动了就业。例如,马晔风和蔡

① 李晓华. 制造业数字化转型与价值创造能力提升[J]. 改革,2022(11):24-36.
② 马晔风,蔡跃洲. 基于官方统计和领英平台数据的中国 ICT 劳动力结构与数字经济发展潜力研究[J]. 贵州社会科学,2019(10):106-115.

跃洲[①]关注数字经济对就业结构的影响,杨慧玲和张力[②]、郭凯明等[③]实证分析了数字经济对就业产业分布的影响,还有丛屹和俞伯阳[④]、夏炎等[⑤]从劳动力配置效率等多个角度就数字经济对就业的影响进行了实证测算。亦有王跃生和张羽飞[⑥]等学者通过对已有样本进行测算,认为数字经济在某些方面存在隐患,比如一定程度上扩大了地区和群体收入差距。国内关于数字经济对就业的影响,主要分为以下几种观点。

(一)数字经济影响产业结构调整

1.数字经济创造了新的工作岗位和工作内容

随着数字经济的蓬勃发展,数字技术与社会经济各领域深度融合,数字已经成为全新的生产要素,围绕数字技术和数字要素所衍生出的新工作内容和工作需求层出不穷,进而催生了大量新兴的工作岗位和工种。这种变革不仅深刻影响了传统就业结构,也为广大劳动者提供了更为广阔的就业空间和机遇。

首先,数字经济的崛起极大地丰富了就业市场的内涵。根据波士顿咨询公司的测算数据,2020 年我国与数字经济相关的就业规模已达到惊人的 2.01 亿人,这一数字在短短几年间实现了显著增长,充分

---

① 马晔风,蔡跃洲. 数字经济新就业形态的规模估算与疫情影响研究[J]. 劳动经济研究,2021(6):121-141.

② 杨慧玲,张力. 数字经济变革及其矛盾运动[J]. 当代经济研究.2020(1):22-34,112.

③ 郭凯明,王钰冰,龚六堂. 劳动供给转变、有为政府作用与人工智能时代开启[J]. 管理世界,2023(6):1-21.

④ 丛屹,俞伯阳. 数字经济对中国劳动力资源配置效率的影响[J]. 财经理论与实践,2020(2):108-114.

⑤ 夏炎,王会娟,张凤,等. 数字经济对中国经济增长和非农就业影响研究——基于投入占用产出模型[J]. 中国科学院院刊,2018(7):707-716.

⑥ 王跃生,张羽飞.数字经济的双重就业效应与更高质量就业发展[J].新视野,2022(3):43-50.

展现了数字经济在推动就业方面的巨大潜力。预计到"十四五"末,与数字经济相关的就业规模将进一步提升至 3.57 亿人。[①] 这一数据无疑预示着数字经济将成为未来就业市场的重要支柱。

其次,数字经济使得就业模式更加灵活多变。传统的就业模式往往局限于固定的工作时间和场所,而数字经济则打破了这一束缚。劳动者可以根据自己的需求和兴趣,选择自由职业、灵活就业、自主创业等多种就业方式。这种灵活性不仅提升了劳动者的幸福感和满意度,也为企业提供了更为丰富的人才资源。在"十三五"期间,新型就业形态的从业规模不断扩大,年均增长率高达 10.9%,新型就业形态从业人员规模从 5000 万人增加到 8400 万人。这一数据充分证明了数字经济在推动就业模式创新方面的积极作用。[②]

最后,数字经济还通过技术创新降低了就业门槛,提高了产业内劳动生产率。云计算、大数据和人工智能等新型技术的发展使得某些技能可以被模块化,这意味着劳动者无须具备全面的专业技能,只需掌握某一模块的知识和技能即可胜任相关工作。这种技能模块化不仅降低了劳动者的学习成本和时间成本,也提高了他们在劳动力市场上的竞争力。同时,这些技术的应用还提升了产业内劳动生产率,使得企业能够以更低的成本生产更多的产品,从而扩大产业规模,增加就业岗位的数量。

然而,尽管数字经济在推动就业方面发挥了重要作用,但也存在一些挑战和问题。例如,随着数字技术的广泛应用,部分传统行业可能会面临就业岗位的减少或消失;同时,数字技能的普及和提升也成为劳动者面临的重要挑战。为了应对这些挑战,政府、企业和个人需要共同努力。政府应加强对数字经济的监管和引导,推动数字经济与

---

① 阿里研究院.释放数字性别红利,发挥数字经济"她"力量——数字经济与中国妇女就业创业研究报告[R].2022.

② 阿里研究院.释放数字性别红利,发挥数字经济"她"力量——数字经济与中国妇女就业创业研究报告[R].2022.

传统产业的融合发展；企业应加大对员工的培训和教育投入，提升员工的数字技能和综合素质；个人则应积极学习和掌握数字技能，以适应数字经济时代的发展需求。

2. 数字经济推动就业结构调整，促使劳动力向第三产业转移

相较于第一、二产业，第三产业的数字化转型程度尤为显著。2019 年，服务业数字化渗透率高达 37.8％，这一比例远超工业的 19.5％和农业的 8.2％。[①] 这一显著差距反映了数字经济在不同产业间的渗透速度和深度，同时也预示着各产业在就业结构和岗位需求上的不同走向。

在此背景下，第三产业无疑成了数字经济时代就业覆盖面最广、吸纳就业人数最多的领域。据中国信息通信研究院 2021 年发布的数据，2020 年，在全年招聘的岗位中，第三产业与数字经济紧密相关的岗位占据了总招聘岗位的 67.5％，就业岗位占比更是高达 60.2％。这一数据不仅凸显了第三产业在数字经济就业市场中的主导地位，更显示出其对于整个就业市场的强大拉动效应。相比之下，第一产业和第二产业在数字经济就业岗位上的占比则相对较低，分别为 0.1％和 7.1％，显示出这两大产业在数字化转型和就业结构调整上仍有较大提升空间。

从薪资水平来看，第三产业的数字经济岗位也展现出明显优势。第三产业薪资平均达到 8200.7 元/月，这一数字分别高于第二产业 1256.7 元/月和第一产业 1976 元/月。这一薪资差异不仅反映了不同产业在数字经济领域的发展水平和盈利能力，也从一个侧面揭示了劳动者在不同产业间就业选择的偏好和动因。

---

① 阿里研究院.释放数字性别红利,发挥数字经济"她"力量——数字经济与中国妇女就业创业研究报告[R].2022.

在第三产业内部，与生活密切相关的服务业成了就业需求的重中之重。这些行业包括零售、餐饮、旅游、教育等，它们不仅直接服务于人们的日常生活需求，而且随着数字技术的广泛应用，这些行业的服务形式和内容也在不断创新和丰富，从而创造了大量新的就业岗位。例如，电商平台、在线教育平台、智慧旅游等新业态的兴起，为服务业的发展注入了新的活力，也为劳动者提供了更多就业机会。

第二产业中的高科技产业以及高端制造业对就业的推动作用也日渐明显。随着制造业向高端化、智能化方向发展，对于高素质、高技能人才的需求不断增加。同时，新一代信息技术、人工智能等数字技术在制造业中的广泛应用，也推动了制造业生产方式的变革和效率的提升，进一步带动了就业的增长。

然而，第一产业在数字化转型方面仍显缓慢，提供的数字经济岗位相对较少。这主要是受农业生产的特性和数字化转型的难度所限。但随着农业科技的进步和农业现代化的推进，未来第一产业在数字经济领域的就业机会也有望逐步增加。

从长期来看，数字经济人才由第一产业向第二产业和第三产业流动的趋势已不可避免。这既是数字经济发展规律的体现，也是产业结构调整和就业结构优化的必然要求。面对这一趋势，我们需要加大人才培养和引进力度，推动数字经济与各产业的深度融合发展，为劳动者提供更多高质量的就业机会。同时，也需要关注不同产业、不同区域间的发展差异和就业问题，确保数字经济发展成果惠及更广泛的人群。

3. 数字经济为创业者赋能，降低劳动者的创业门槛

数字经济的发展，如同一股强劲的东风，催生出众多平台经济组织，这些平台凭借技术、资金和人才等多重优势，为劳动者提供了便捷高效的创业模式。它们不仅改变了传统产业的格局，更在推动就业创业方面发挥了举足轻重的作用。

　　在中国,淘宝村和淘宝镇的崛起便是数字经济发展促进就业创业的生动例证。相关研究报告显示,至 2020 年,全国范围内共涌现出5425 个淘宝村和 1756 个淘宝镇。① 这些淘宝村和淘宝镇的网店以其灵活的经营模式和广泛的市场覆盖,实现了高达 1 万亿元的交易额。其中,活跃网店数量达到了惊人的 296 万个,它们不仅为乡村经济注入了新的活力,更创造了 828 万个就业机会。这些就业机会不仅为当地居民提供了增收途径,也吸引了越来越多的外来人口涌入,进一步推动了乡村地区的繁荣与发展。

　　除了淘宝村和淘宝镇,以短视频为主的抖音平台也在促进就业创业方面展现出了巨大的潜力。抖音以其独特的内容形式和广泛的用户基础,显著降低了创业门槛,让更多的个人创造者和中小企业能够参与到数字经济的浪潮中来。据统计,从 2019 年 8 月到 2020 年 8月,共有 2097 万人通过抖音平台直接获得了收入。② 这些收入者中既有普通的创作者,也有中小企业,他们通过抖音平台展示自己的才华和产品,实现了个人价值的提升和经济的增长。

　　抖音平台的就业吸纳和创业孵化能力得到了广泛认可。中国人民大学国家发展与战略研究院研究员马亮指出,抖音不仅为用户提供了一个展示自我、交流创意的平台,更通过其强大的算法和推荐机制,将优质内容推送给更广泛的受众,从而帮助创作者和中小企业实现商业价值。这种商业模式不仅推动了大众创业万众创新,也为数字经济的发展注入了新的动力。

　　平台经济组织的崛起和发展,不仅改变了传统产业的就业结构,也为劳动者提供了更多元化的就业选择。这些平台通过提供技术、资金和人才支持,降低了创业门槛,使得更多人能够参与到数字经济中

---

　　① 阿里研究院.释放数字性别红利,发挥数字经济"她"力量——数字经济与中国妇女就业创业研究报告[R].2022.

　　② 阿里研究院.释放数字性别红利,发挥数字经济"她"力量——数字经济与中国妇女就业创业研究报告[R].2022.

来。同时,平台经济也促进了产业的转型升级和创新发展,为经济的持续增长提供了有力支撑。

然而,平台经济的发展也面临一些挑战和问题。例如,如何保障劳动者的权益和福利、如何规范平台的运营和管理、如何加强数据安全和隐私保护等。这些问题都需要我们深入思考和解决。因此,在推动平台经济发展的同时,我们也需要加强监管和规范,确保平台经济能够健康、可持续地发展。

总的来说,数字经济的发展促进了平台经济组织的崛起和发展,为劳动者提供了更多元化的就业选择和创业机会。这些平台不仅推动了经济的持续增长,也为社会的创新和发展注入了新的活力。未来,随着数字技术的不断进步和应用场景的不断拓展,我们有理由相信平台经济将在促进就业创业方面发挥更加重要的作用。

(二)数字经济影响就业岗位数量

1.数字经济创造新岗位

大多数学者在研究数字经济的影响时,往往通过数据测算,得出数字经济对产业的影响。其中一个较为普遍认同的观点是数字经济创造新产业,从而增加就业总量。詹晓宁和欧阳永福[1]认为,数字经济的发展,能够促进经济转型,有利于推动传统产业与数字技术的融合,提高国际竞争力,创造更多的就业机会,数字经济还促进了新兴业态产生,可以进一步增加劳动就业的机会。徐影琴[2]认为,数字经济能有效降低公司运营成本,增加利润,扩大产品生产规模,吸纳更多的员工

---

[1] 詹晓宁,欧阳永福.数字经济下全球投资的新趋势与中国利用外资的新战略[J].管理世界,2018(3):78-86.

[2] 徐影琴.人工智能发展的就业效应及其实现机制研究[D].杭州:浙江工商大学,2022.

来完成生产任务。当一种商品的价格降低时，根据需求理论，它的需求将会增加，同时公司也会逐渐扩大它的生产规模，由此对劳动力的需求增加，进而增加就业总量。吴伟平[1]以我国西部地区为研究对象，经过分析发现，2000—2013 年，信息产业吸纳劳动力就业的作用显著，行业内部劳动力就业的规模不断扩大。谢绚丽等[2]借用北京大学数字普惠金融指数分析得出，数字经济的发展对低城镇化率的省份有较强的鼓励创业的作用，进而对就业有显著的正向影响。方观富和许嘉怡[3]以农民工为研究对象，利用中国数字普惠金融指数，结合中国家庭跟踪调查数据，实证分析发现数字经济的发展可以显著对居民就业产生创造效应，为居民就业带来新的机遇。丛屹和闫苗苗[4]在研究中基于 2004—2019 年我国 30 个省份面板数据，运用固定效应、面板门槛回归模型，通过实证分析验证了数字经济能够有效推动高质量就业的结论，而人力资本能正向影响数字经济对就业的促进作用，所以应提高劳动者的人力资本。

有些学者则认为，数字经济催生了新业态，由此对就业产生创造效应。李晓华[5]认为，数字经济使得各个领域内创新不断增多，会带来更多新的市场机会，为企业发展搭建一个宽广的平台条件，由此产生更多的就业岗位。倪建春[6]认为，以互联网为代表的数字经济产生了网约车、外卖、直播带货等新兴业态，这些行业快速发展，给劳动者带

① 吴伟平. 西部地区信息产业技术进步对信息产业内部劳动力就业的影响分析[D]. 兰州：西北师范大学，2016.
② 谢绚丽，沈艳，张皓星，等. 数字金融能促进创业吗？——来自中国的证据[J]. 经济学（季刊），2018(4)：1557-1580.
③ 方观富，许嘉怡. 数字普惠金融促进居民就业吗——来自中国家庭跟踪调查的证据[J]. 金融经济学研究，2020(2)：75-86.
④ 丛屹，闫苗苗. 数字经济、人力资本投资与高质量就业[J]. 财经科学，2022(3)：112-122.
⑤ 李晓华. 数字经济新特征与数字经济新动能的形成机制[J]. 改革，2019(11)：40-51.
⑥ 倪建春. 互联网背景下就业问题及对策[J]. 中国统计，2020(11)：11-12.

来了更多就业机会,增加了全社会有效劳动时间。戚聿东等[1]研究发现,数字经济发展使得第三产业迅猛发展,产业结构得到升级,就业环境和就业结构得到优化,就业质量也随之提升。隆云滔等[2]表示,以人工智能技术为代表的数字经济的发展,使得众多企业在无人驾驶、智能家居等行业布局,带来了新的市场需求,产生了新的就业岗位,如智能工程师、算法工程师等,同时新的市场需求也会对公司的发展起到一定的促进作用,让公司员工能够在更多的工作岗位上获得更多的发展机会。

有些学者认为,数字经济对非农就业产生创造效应。何宗樾和宋旭光[3]认为,数字经济能够有效地推动非农就业,尤其是雇佣型非正规就业,同时对企业家产生正面影响。田鸽和张勋[4]使用中国家庭跟踪调查数据进行实证分析,结果表明,数字经济能够促进农村低技能劳动力向低技能偏向的数字化非农行业流动,从而对非农就业产生创造效应。

2.数字经济替代部分岗位

有学者通过对数字经济影响程度不同的企业进行生产率测算,发现数字经济对企业生产率的促进作用存在地区、行业和企业差异。其中信息基建水平较高的地区、行业和企业,促进作用更明显,反之,信息基建水平较低的地区、行业和企业,促进作用相对较弱或者难以得到长足发展。这些地区、行业和企业则不得不寻求转型,突破数字经济影响下的发展瓶颈,进一步优化发展结构。

---

[1] 戚聿东,刘翠花,丁述磊.数字经济发展、就业结构优化与就业质量提升[J].经济学动态,2020(11):17-35.

[2] 隆云滔,刘海波,蔡跃洲.人工智能技术对劳动力就业的影响——基于文献综述的视角[J].中国软科学,2020(12):56-64.

[3] 何宗樾,宋旭光.数字经济促进就业的机理与启示——疫情发生之后的思考[J].经济学家,2020(5):58-68.

[4] 田鸽,张勋.数字经济、非农就业与社会分工[J].管理世界,2022(5):72-84.

如有些学者认为,数字经济可通过产业结构调整,直接替换部分产业。宋旭光和左马华青[①]提出,人工智能技术的发展将通过改变劳动力的供应结构,进而改变劳动力的生产率,其中劳动密集型岗位会被人工智能替代。王文[②]研究表明,随着智能技术的发展,数字经济已经进入了以人工智能为核心驱动的新的智能经济时代,而智能生产是实现产业转型与创新的重要手段,也给劳动力的就业带来了巨大的挑战。黄浩[③]认为,数字经济的发展,会导致低技术工人的结构性失业和摩擦性失业,从而降低工人的就业率。

3.数字经济挤出弱势岗位

总体而言,在一定程度上不适应数字经济快速发展的弱势产业,如若难寻转型出口,则会被数字经济明显"挤出"。有学者认为,数字经济的发展,会减少就业岗位,人力更多被机器"挤出"。丁琳和王会娟[④]认为,在数字经济的发展过程中,自动化程度不断加深,而"机器"取代"人"所带来的"劳动力替代"效果,会导致部分工作岗位的缩减,甚至彻底消失。

王颖和石郑[⑤]认为,数字技术降低不变资本所需的可变资本,加快了资本的积累,公司将会有更多的资金引进机器设备、工业机器人等,由于人工智能的使用范围越来越广,生产自动化程度越来越高,资本吸收就业的能力也在逐步降低,最终导致了大量的过剩劳动力,因此,

①　宋旭光,左马华青.工业机器人投入、劳动力供给与劳动生产率[J].改革,2019(9):45-54.

②　王文.数字经济时代下工业智能化促进了高质量就业吗?[J].经济学家,2020(4):89-98.

③　黄浩.数字经济带来的就业挑战与应对措施[J].人民论坛,2021(1):16-18.

④　丁琳,王会娟.互联网技术进步对中国就业的影响及国别比较研究[J].经济科学,2020(1):72-85.

⑤　王颖,石郑.技术进步与就业:特征事实、作用机制与研究展望[J].上海经济研究,2021(6):39-48.

数字经济会对就业产生替代效应。杨朝舜[①]认为,以"深度学习"为基础、以"云"为核心的新型人工智能技术,可以在海量的生产数据中寻找出最优的生产计划,并在此基础上实现对企业生产力的极大提高,这使得公司不断引进更多更好的机器和装备,以降低对劳动力的要求。蔡昉[②]分析,数字经济使得创新的盈利模式上线,由此会与传统的商业模式进行竞争,改变用户的偏好和习惯,进而间接地改变生产效率,对传统的商业模式和商业业态形成挤压,减少对传统商业模式劳动力的需要。崔晓丹[③]认为,数字技术广泛应用于各行业各领域,许多依靠手工的劳动密集型岗位会被人工智能替代,随着数字技术的不断发展,它将会在生产工艺上进行升级,自动化和智能化设备将会对公司的劳动生产率进行大幅提升,从而导致一些人力被机器取代,工作岗位减少,人们就业的可能性也随之下降。

(三)数字经济激活新质生产力

2023年9月,习近平总书记在黑龙江考察时强调:"整合科技创新资源,引领发展战略性新兴产业和未来产业,加快形成新质生产力。"[④] 2024年1月31日,习近平总书记在中共中央政治局第十一次集体学习时进一步指出,新质生产力由技术革命性突破、生产要素创新性配置、产业深度转型升级而催生,以劳动者、劳动资料、劳动对象及其优化组合的跃升为基本内涵,以全要素生产率大幅提升为核心标志,特点是创新,关键在质优,本质是先进生产力。[⑤]

一些研究认为,数字经济带来思维转变和多维度变革,从而激活

① 杨朝舜. 人工智能技术进步对劳动力就业的替代影响研究[D]. 上海:上海社会科学院,2020.

② 蔡昉. 数字经济时代应高度重视就业政策 如何让新技术和数字经济的发展创造更多、更高质量的就业岗位[J]. 财经界,2021(25):24-25.

③ 崔晓丹. 我国技术进步对就业的影响研究[D]. 沈阳:辽宁大学,2021.

④ 加快形成新质生产力[N]. 人民日报,2023-11-24.

⑤ 加快发展新质生产力 扎实推进高质量发展[N]. 人民日报,2024-02-02.

新质生产力。高平①认为,新质生产力并非传统生产力的"线性迭代"和"小修小补",而是要摆脱传统经济增长方式、生产力发展路径,涉及生产要素、生产工具、生产方式、价值分配和基础设施等多维度变革。这种变革存在三大类,即"生产要素变革:从传统生产要素到数据要素""生产工具变革:从传统生产设备到智能化工具"以及"生产方式变革:从中心化企业、平台到去中心化组织"。下一步,做强做优做大我国发展数字经济,迫切需要从数字技术的"工具思维"向数字经济的"生产力思维"转变,注重以牵一发而动全身的"源头创新"和"底层创新"为突破口,通过开源开放、商业模式和应用场景等创新,将其迅速转化为赋能千行百业的生产力和大生态。

一些研究认为,应继续做好数实融合文章,以融合促转型,从而激活新质生产力。王鹏②认为,在探讨数字化时代下生产力的创新与发展时,不可忽视的是"数实融合"这一概念的重要性与影响力。数实融合不仅是技术层面的结合,更是一场涉及生产方式和业务模式的全面革新,标志着我们进入了一个全新的产业升级与经济增长的时代。数实融合在助力新质生产力的发展路径上,扮演着至关重要的角色。新质生产力,即基于新科技、新业态、新模式的生产力,是在数字经济时代背景下的产物。数实融合正是这一新质生产力的核心驱动力。通过将先进的数字技术应用于生产、管理、服务等各个环节,可以显著提高效率、降低成本、创新商业模式,从而促进经济的高质量发展。

还有一些研究认为,应持续增加"算力",完善数字基础设施建设,从而激活新质生产力。2024年2月16日,美国人工智能研究公司OpenAI宣布推出全新的生成式人工智能模型"Sora",文生视频的效果令人惊艳,在全球科技领域引发巨大轰动。而Sora的惊艳发布,意

① 高平. 我国数字化赋能现代化产业体系的对策研究[J]. 中国管理信息化,2023(6):110-113.
② 王鹏. 数实融合:开启新质生产力新时代[EB/OL]. (2024-02-07)[2024-05-06]. https://m. yicai. com/news/101988592. html.

味着训练算力需求持续升级,在多模态时代算力将成为最核心的竞争力之一。我国要"整合科技创新资源,引领发展战略性新兴产业和未来产业,加快形成新质生产力",就要构建超级算力网络体系。算力是激活新质生产力、释放数字经济高质量发展新动能的关键引擎,只有算力网络根基牢固,才能更好地驱动培育新质生产力。同时,新质生产力也引发算力需求进一步增长。

(四)数字经济对女性就业影响的研究

诸多文献对女性就业问题进行了深入且细致的专题研究,为我们理解女性在职场中的境遇与挑战提供了丰富的视角。改革开放之后,我国女性劳动参与率出现了明显的下降趋势,这一变化背后蕴藏着多种原因。沈可等[①]指出,这种下降可能受到了多种因素的共同作用,包括但不限于社会结构变迁、技术进步带来的职业变革,以及女性自身角色认知的变化等。卿石松[②]进一步强调了女性就业歧视对劳动参与率下降的显著影响,揭示了性别偏见和刻板印象在职场中的存在及其对女性就业的不利影响。与此同时,多孩政策下家庭照料的需求也对女性就业产生了不可忽视的影响。宋健[③]、庞佳佳[④]的研究均指出,随着生育政策的调整和家庭规模的扩大,女性在家庭照料方面的责任与压力日益增加,这在一定程度上限制了她们参与社会劳动的机会和意愿。这种家庭与职业之间的冲突,使得女性在追求个人职业发展的同时,也不得不面对家庭责任的挑战。随着互联网技术的快速发展和普及,其对女性就业的影响也逐渐受到学者们的关注。刘布克[⑤]等学者

---

① 沈可,章元,鄢萍.中国女性劳动参与率下降的新解释:家庭结构变迁的视角[J].人口研究,2012(5):15-27.

② 卿石松.性别角色观念、家庭责任与劳动参与模式研究[J].社会科学,2017(11):91-100.

③ 宋健.家庭视角看中国的生育率为何低迷[J].人口与健康,2024(2):17-18.

④ 庞佳佳.互联网使用与女性就业决策[D].杭州:浙江工商大学,2022.

⑤ 刘布克.互联网使用对女性就业的影响研究[D].南宁:广西大学,2019.

根据社会经济的发展趋势,重点就互联网的发展对女性就业及就业决策进行了实证研究。他们发现,互联网技术的普及为女性提供了更加灵活多样的就业形式,如远程办公、在线兼职等,这在一定程度上缓解了女性在家庭与工作之间的冲突,提高了她们的就业参与率。

在数字经济的大背景下,现有文献关于数字经济对女性就业的影响主要分为三种观点。第一种观点认为,数字经济为女性提供了更加广阔的就业空间和机会,有助于她们实现个人职业发展和自我价值提升。通过电子商务平台、社交媒体等渠道,女性可以更加便捷地获取就业信息、拓展职业网络,从而增加就业机会和提高收入水平。第二种观点关注到数字经济给女性就业带来的潜在挑战和风险,如数据安全、隐私保护等问题可能对女性就业产生不利影响。此外,数字经济的快速发展也可能加剧职业竞争的激烈程度,使得部分女性在就业市场中处于劣势地位。第三种观点则更加全面地看待数字经济对女性就业的影响,认为其既带来了机遇也带来了挑战。数字经济为女性提供了更加多元的职业选择和发展路径,但同时也需要女性不断提升自身素质和技能水平以适应快速变化的就业市场。

1. 数字经济增加女性就业选择

前文提到,数字经济调整了产业结构,即调整了就业"源头",因此为女性提供了更为丰富、更具弹性的选择。刘布克[1]认为,数字经济给了女性在工作中新的机会,给女性提供了更多的发展空间,平台间的弹性组织方式提高了女性的工作独立性。杨兰品和王姗姗[2]基于2020年中国家庭跟踪调查数据,考察了平台经济发展对性别收入差距的影响,结果表明:通过改善女性就业条件、削弱女性家庭责任限

---

[1]　刘布克.互联网使用对女性就业的影响研究[D].南宁:广西大学,2019.

[2]　杨兰品,王姗姗.平台经济对性别收入差距的影响研究——基于CFPS数据的经验分析[J].华东经济管理,2023(10):92-103.

制、便利女性就业搜寻及提升女性人力资本,平台经济提高了女性劳动者的就业能力,并增加了其就业机会,给女性劳动者带来了比男性劳动者更大幅度的收入增长,从而缩小性别收入差距;性别收入差距缩小效果在已婚、中低技能、受雇型及服务行业的劳动者群体中体现得更为明显。

李建奇[1]有着类似的结论,略有不同的是他通过异质性分析发现,数字化对已婚和有幼年子女的女性依然有着显著的就业和工资收入促进作用,并且对年轻和高学历女性的促进作用更强。齐文浩等[2]则针对数字经济对农村女性非农就业的影响进行研究,认为数字经济提供了更多就业信息,而且增加非农工作的自主性,因此有效促进了农村女性的非农就业。张成刚[3]介绍了数字经济与中国劳动力的市场变革,分析数字经济释放我国数字性别红利的基础、机制与途径,从而得出数字经济为女性就业创业创造新机遇。同时,他也提出数字经济发展中女性就业创业仍然存在挑战,如数字性别鸿沟仍然存在、女性数字技术从业者规模和男性仍存在差异、女性受到技能短缺和岗位冲击等问题影响更大等。

其他大部分研究,如刘翠花等[4],均对女性就业持有较为积极的观点,认为数字经济增加了就业选择,提高了女性收入,有助于实现男女平等,但在对女性就业的促进方面存在时间、空间、学历和行业的制约,程度有所不同。

另有一部分研究主要针对数字经济影响下的女性创业情况。如

① 李建奇.数字化发展对女性劳动力市场表现的偏向型影响及其作用机理研究[D].大连:东北财经大学,2022.
② 齐文浩,齐秀琳,马维帅.互联网使用对农村女性非农就业的影响:理论逻辑与中国经验[J].北京师范大学学报(社会科学版),2022(6):124-133.
③ 张成刚,平台经济就业稳定器作用大[N].北京日报(理论版),2020-04-13.
④ 刘翠花,戚聿东,丁述磊.数字经济时代弹性工作如何影响青年就业质量?[J].宏观质量研究,2022(6):43-60.

创业邦研究中心[①]的调查报告指出,当前全球数字化加速,更多产业被注入科技力量,对女性不利的外部环境得到了改变,女性创业者正破除偏见,积极进入科技创新领域。在创业邦研究中心 2022 年评选的30 位"最值得关注的女性创业者"中,科技女性占比超过七成。企业服务、医疗健康和大消费依旧是女性创业的热门赛道,六成以上的女性创业者是首次创业。

2.数字经济提升女性就业优势

邢春冰等[②]认为,伴随着科技的进步,女性在认知技能和完成非常规工作上的优势也得到了比较明显的体现。同时,人工智能的普及也让公司中开始出现按照组织项目和工作时间雇用临时自由职业者的情况,这给临时工作、兼职工作等带来了新的发展空间,这也是目前新的就业趋势。毛宇飞和曾湘泉[③]认为通过网络,可以明显地增加女性自主创业的概率和劳动力的供给,从而进一步增加女性在就业中的比例。曾显荣[④]指出,在人工智能时代,人们对非程序性的认知工作和创造性工作的要求越来越高,这给女性在自己的专业领域中发挥优势带来了新的发展空间,从而提升了女性的劳动参与率。李建奇[⑤]认为,数字技术能够充分发挥女性在社会上的技术优势,弱化男性在物理上的技术优势,并在一定程度上缓解女性在劳动市场上的性别歧视,使得女性的工资水平得到提高,所以数字技术能够更好地促进女性就业。数字经济带来了电商经营、自媒体等基于平台的新型灵活职业,为女

① 创业邦研究中心."卓然而立,一路生花",创业邦 2022 年中国女性创业者研究报告[R].2023.

② 邢春冰,贾淑艳,李实.技术进步、教育回报与中国城镇地区的性别工资差距[J].劳动经济研究,2014(3):42-62.

③ 毛宇飞,曾湘泉.互联网使用是否促进了女性就业——基于 CGSS 数据的经验分析[J].经济学动态,2017(6):21-31.

④ 曾显荣.人工智能时代女性就业面临的机遇与挑战[J].经济师,2019(7):38-39.

⑤ 李建奇.数字化变革、非常规技能溢价与女性就业[J].财经研究,2022(7):48-62.

性增加收入来源提供了契机。

王慧敏等[①]认为,数字经济产生了多样化的按需工作,如文案写手、带货博主等,促进了零工经济、微经济、共享经济等新兴经济形式的日益壮大。对于孩子较为年幼的母亲群体而言,灵活性工作能够减少母职惩罚,甚至转变为性别优势,使得母亲群体拥有更大的工作自主权和选择权。牛建国等[②]认为,数字经济、人工智能时代可催生"情感经济"。情感经济形态中人们所依赖的情感任务是指工作任务中所涉及的"软"的方面,如与人沟通、建立和维持关系、影响他人等。情感经济的突出特点是人与人工智能机器之间的分工,即人类负责情感型的工作,机器负责思维型的工作。女性或将因为在情感、社交技能方面的禀赋优势而提升其在就业市场中的地位。

3.数字经济使女性就业存在分化

现有研究指出,女性因行业、发展阶段、地域、学历等背景不同,受数字经济的影响程度不同。李磊和何艳辉[③]的研究指出,从员工数量上来看,人工智能对员工数量的替代性程度在不同的工作类别上是有区别的,在具有很强的可替代性的、高风险的工作类别中,女性的比例在35%左右。宋月萍[④]的研究结果显示,在我国社会经济的发展过程中,"数字红利"不仅没有得到公平的分配,还会进一步扩大地区间和性别间的"数字差距"。卢川[⑤]指出,从理论研究和实证分析结果来看,随着数字化水平的提升,我国整体存在降低对女性就业人员需求的趋

① 王慧敏,薛启航,魏建. 数字经济、母职惩罚与性别收入差距[J]. 现代财经(天津财经大学学报),2023(11):30-46.

② 牛建国,夏飞龙,蒋鑫. 数字经济背景下人工智能发展对女性就业影响的研究[J]. 当代经济管理,2024(6):87-96.

③ 李磊,何艳辉. 人工智能与就业——以中国为例[J]. 贵州大学学报(社会科学版),2019(5):13-22.

④ 宋月萍. 数字经济赋予女性就业的机遇与挑战[J]. 人民论坛,2021(30):82-85.

⑤ 卢川.数字经济对我国劳动力就业的影响研究[J].中国物价,2022(2):84-87.

势。同时,在不同的经济水平和数字化发展阶段,我国女性就业占比受数字化影响的方向是不同的,在数字化和经济发展水平较低和较高的阶段,数字化设施投入和水平提升会对女性就业占比影响不显著,甚至会提升女性就业占比。但在数字化和经济发展水平中等阶段,数字化水平提升会显著降低女性就业占比。王跃生和张羽飞[1]认为,数字经济对不同群体就业的差异性效应可能扩大收入差距、对不同产业就业的差异化效应可能降低经济效率、对不同地区就业的差异性效应可能加大地区发展失衡。

本章小结

本章主要是在大量阅读的基础上,系统概括和梳理了数字经济与就业、数字经济赋能女性就业的相关基础理论和国内外研究文献。与本书选题密切相关的基础理论主要有工作搜寻理论、社会资本理论、劳动力市场歧视理论、劳动供给理论、家庭经济分析理论以及人力资本理论等,本章对这些理论进行了概括介绍和比较研究。有关数字经济赋能就业的国内外相关研究文献相对丰富,对此,本章总体从国外研究和国内研究两个层面进行综述分析。对国外研究文献,本章重点从数字经济对就业总量的影响、对就业结构的影响以及对就业质量的影响等几个方面进行详细阐述。对于国内研究文献,本章重点从数字经济影响产业结构、数字经济影响就业岗位、数字经济赋能女性就业以及数字经济激活新质生产力等方面进行综述与分析。本章对基础理论和国内外文献的梳理与综述,为数字经济赋能女性高质量就业这一选题的深入研究做了扎实的理论铺垫。

---

[1] 王跃生,张羽飞.数字经济的双重就业效应与更高质量就业发展[J].新视野,2022(3):43-50.

第三章　我国女性就业现状对比与分析

就业问题历来是关乎国家经济社会稳定发展的重要基石，它不仅是立国之本、民生之本，更是衡量一个国家经济发展水平和社会稳定状况的重要指标。劳动者能否实现正常就业，直接关系到社会秩序的稳定与否。在此背景下，党的二十大报告深刻指出，"就业是最基本的民生"，并强调要"实施就业优先战略"，"促进高质量充分就业"，还特别提到要"坚持男女平等基本国策，保障妇女儿童合法权益"。这为我们在新时代推动女性就业工作指明了方向。女性作为社会的重要组成部分，是宝贵的人力资源，她们在中国劳动力人口中占据着不可替代的地位。目前，全社会就业人员中女性占比超过四成，她们以勤劳、智慧和坚韧的品质，为社会主义现代化建设贡献着力量。然而，尽管女性在就业领域取得了显著成就，但她们依然面临诸多挑战和问题，这值得我们深入关注和研究。一方面，女性在就业过程中往往遭遇到性别歧视的现象。这种歧视不仅表现在招聘环节，还贯穿于女性的职业生涯始终。一些用人单位在招聘时更倾向于男性，导致女性就业机会相对减少。此外，在晋升、薪酬等方面，女性也往往处于劣势地位，难以获得与男性同等的待遇和机会。另一方面，女性在家庭和职业之间的平衡问题也亟待解决。由于传统观念的影响，女性在家庭和职业之间往往承担着更多的责任和义务。这使得她们在追求职业发展的同时，还要兼顾家庭生活的需要，承受着巨大的压力和挑战。

第一节 女性就业现状的国际比较

一、女性劳动参与率国际比较

劳动参与率是衡量劳动年龄人口中实际参与劳动力市场活动人数比例的重要指标。它不仅能够反映一个国家或地区的劳动力资源利用情况，也是衡量女性地位和社会发展的重要标志之一。而在现代社会，随着经济的发展和社会的进步，女性劳动力市场的地位和作用日益凸显。

我国政府长期以来高度重视女性劳动力市场的发展，通过制定和实施一系列政策措施，鼓励和扶持女性参与社会劳动。这些政策不仅为女性提供了更多的就业机会和职业发展空间，也促进了劳动力市场的平衡和稳定。图 3-1 展示了 2012—2023 年我国与美国、日本、德国、英国、韩国等主要发达国家 15 周岁以上女性劳动参与率的对比情况。

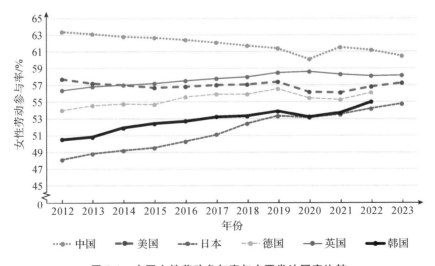

图 3-1 中国女性劳动参与率与主要发达国家比较

数据来源：世界银行，https://data.worldbank.org.cn/indicator/SL.TLF.CACT.FE.ZS.

从图 3-1 中可以看出,中国女性劳动参与率始终保持在较高水平,尽管在某些年份出现了波动,但总体上呈现出稳定的发展态势。特别是在 2020 年略有下降后,2021 年又实现了上升,显示出中国女性劳动力市场的韧性和活力。相比之下,美国、日本、德国等发达国家的女性劳动参与率虽然一直低于我国,但近年来也呈现出缓慢上升的趋势。这些国家通过完善法律法规、加强职业培训、提供灵活就业机会等措施,不断推动女性劳动力市场的发展。值得注意的是,英国的女性劳动参与率相对较低,这可能与该国的社会结构、文化传统以及劳动力市场需求等因素有关。然而,随着全球范围内性别平等意识的提高和女性地位的提升,英国女性劳动参与率也逐步得到提升。

总体而言,中国女性劳动参与率的高水平得益于政府的重视和支持,以及女性自身的努力和拼搏。然而,我们也需要看到,女性劳动力市场仍然面临一些挑战和问题,如职业晋升渠道不畅、薪酬待遇不公等。因此,我们需要继续加强政策引导和社会支持,为女性提供更多的发展机会和平台,推动女性劳动力市场的持续健康发展。同时,我们也应该认识到,女性劳动参与率的提升不仅有利于女性自身的发展和权益保障,也对整个社会的稳定和繁荣具有重要意义。女性作为社会的重要组成部分,她们的参与和贡献能够推动经济的增长和社会的进步。因此,我们应该进一步加强对女性劳动力市场的关注和研究,探索更加有效的政策措施和机制安排,为女性创造更加公平、包容和可持续的发展环境。在未来的发展中,我们期待看到更多女性能够充分发挥自己的潜力和才华,在各个领域取得更加辉煌的成就。同时,我们也期待各国能够加强交流与合作,共同推动全球女性劳动力市场的繁荣发展,为构建更加美好的世界贡献力量。此外,我们也应该看到,随着数字化、智能化等新技术的发展和应用,女性劳动力市场也面临新的机遇。新技术为女性提供了更加灵活多样的就业方式和职业发展路径,同时也对女性的技能水平和适应能力提出了更高的要求。因此,我们需要加强女性职业培训和教育,提升她们的数字素养和创新能力,使她们能够更好地适应新技术的发展和应用。

　　另据世界银行数据,金砖国家阵营中 15—64 岁女性的劳动参与率在近年呈现出一定的波动趋势。尽管整体而言,劳动参与率有所下降,但中国在这一时期实现了小幅回升,显示出积极的发展势头。与此同时,俄罗斯的女性劳动参与率也保持着平稳上升的态势,展现出稳健的发展态势。然而,巴西、南非和印度等金砖国家的女性劳动参与率仍有待恢复和提升。这一趋势的背后,既反映了金砖国家女性劳动力市场的复杂性和多样性,也揭示了各国在促进女性就业方面所面临的挑战和机遇(见图 3-2)。

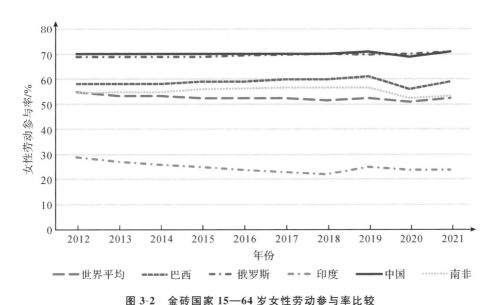

图 3-2　金砖国家 15—64 岁女性劳动参与率比较

数据来源:世界银行,https://data.worldbank.org.cn/indicator/SL.TLF.ACTI.FE.ZS.

　　金砖国家女性在健康、教育、经济、决策管理以及技术等方面的发展水平不断提升,这为她们更好地参与劳动力市场奠定了坚实基础。然而,由于社会经济、文化传统、家庭责任等多重因素的影响,女性劳动参与率仍存在一定的差异和挑战。在中国,政府高度重视女性就业问题,通过实施一系列政策措施,如提供职业培训、扩大就业渠道、优化工作环境等,为女性创造了更多的就业机会。同时,中国女性在教育和技能方面的提升也为她们在劳动力市场中取得更好的表现提供了有力支持。这些因素共同推动了中国女性劳动参与率的小幅回升。

相比之下,俄罗斯女性劳动参与率的平稳上升可能与该国在促进性别平等、优化就业政策以及提高女性社会地位等方面的努力密不可分。俄罗斯政府通过制定相关法规、提供就业支持、加强职业培训等措施,为女性创造了更加公平和有利的就业环境。然而,巴西、南非和印度等国家的女性劳动参与率仍面临一定的挑战。这些国家可能需要在促进经济增长、改善就业环境、加强社会保障等方面付出更多努力,以吸引更多女性参与劳动力市场。同时,这些国家还需要加强对女性职业培训和教育的投入,提升女性的职业技能和竞争力,为她们在劳动力市场中取得更好的表现提供有力支持。值得一提的是,金砖国家女性劳动参与率的差异也反映了各国在发展阶段、经济结构、社会文化等方面的不同特点。

因此,在推动女性就业方面,各国需要根据自身实际情况制定有针对性的政策措施,以实现女性劳动参与率的稳步提升。展望未来,金砖国家女性劳动力市场仍具有巨大的发展潜力。随着全球经济的不断发展和金砖国家合作的深入推进,女性劳动力市场的规模和影响力将进一步扩大。同时,随着技术的不断进步和新兴产业的快速发展,女性也将拥有更多的就业机会和发展空间。因此,金砖国家应继续加强合作,共同推动女性劳动力市场的健康发展。各国可以分享在促进女性就业方面的成功经验和做法,加强在职业培训、就业服务、社会保障等领域的合作与交流。同时,还可以推动制定更加公平和包容的劳动法规和政策,为女性创造更加平等和有利的就业环境。

二、女性就业率变动国际比较

除了劳动参与率之外,就业率同样是衡量一个国家或地区就业情况的关键指标。它直观地反映了劳动年龄人口中实际就业者所占的比重,为我们提供了比较和分析不同国家就业状况的重要依据。图 3-3为我们展示了 2012—2021 年,我国与世界主要发达国家 15 周岁以上女性的就业率情况。通过这张图,我们可以清晰地看到各国女性就业率的变化趋势和差异。

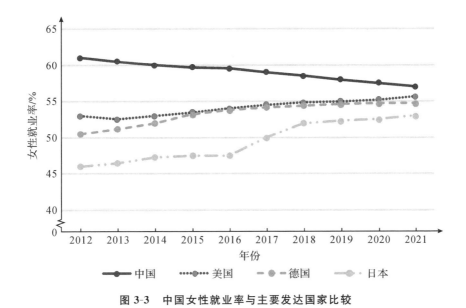

图 3-3　中国女性就业率与主要发达国家比较

数据来源:世界银行,https://data. worldbank. org. cn/indicator/SL. EMP. TOTL. SP. FE. ZS? view=chart.

在过去的 10 年里,中国女性的就业率始终保持在 55% 以上,这一数字远高于美国、日本、德国等发达国家。这充分表明,在中国,女性劳动力在就业市场上占据着重要的地位,为国家的经济发展和社会进步做出了巨大的贡献。然而,尽管中国女性就业率保持在较高水平,但我们也必须注意到,这一数字呈现出明显的下降态势。这意味着,在就业市场上,女性劳动力面临越来越多的挑战和困难,需要我们给予更多的关注和支持。有关研究进一步指出,目前中国大约有七成女性仍保持在业状态,这一比例虽然不算低,但与男性相比仍存在一定差距。

此外,乡村女性和城市女性的在业比率分别为 56.3% 和 63.2%,显示出城乡女性在就业方面的差异。这种差异既反映了城乡的经济发展水平和产业结构特点,也揭示了我们在促进女性就业方面还需要付出更多的努力。与此同时,我们也不得不关注其他国家女性就业率的变化情况。美国、德国和日本近 10 年来女性就业率均保持持续上升态势,尤其是日本,在 2016 年之后呈现出快速上升的趋势。这一现象值得我们深思和借鉴,或许我们可以从中找到一些促进女性就业的有效方法和经验。日本女性就业率的快速上升,一方面,可能得益于该国在促进女性就业方面的政策支持和措施实施,如提供灵活的工作时间、加强职业培训、扩大就业渠道等。另一方面,也可能与该国社会观念的转变有关,越来越多的女性开始追求职业发展和独立自主的生活方式。

相比之下,中国女性就业率的下降可能受到多种因素的影响。一方面,随着经济的转型和产业升级,一些传统行业对劳动力的需求减少,而新兴行业对劳动力的素质和技能要求提高,这可能使得一些女性劳动力在就业市场上处于劣势地位。另一方面,家庭责任和社会观念也可能对女性的就业产生一定的制约和影响。针对这些问题,我们需要从多个方面入手来推动女性就业的发展。首先,政府应制定更加完善的就业政策,为女性提供更多的就业机会和职业发展空间。其次,社会应加强对女性就业的宣传和教育,提高女性自身的就业意识和能力。最后,企业也应承担起社会责任,为女性提供平等的就业机会和待遇。此外,我们还应关注女性在职业发展和晋升方面所面临的挑战和困难。一些研究表明,女性在职业晋升和薪酬方面往往面临着不公平的待遇和歧视。因此,我们需要加强性别平等意识的教育和宣传,推动社会各界共同关注和支持女性职业发展。

图 3-4 向我们清晰地展示了根据世界银行提供的数据所绘制的

全球女性 2015—2022 年失业率的对比情况。这张图不仅为我们提供了一个直观的视角来观察各国女性失业率的变动趋势,还揭示了不同国家在新冠疫情冲击下所展现出的不同经济韧性和社会应对能力。

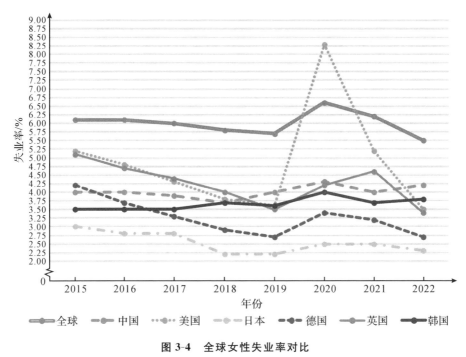

图 3-4　全球女性失业率对比

数据来源:世界银行,https://data. worldbank. org. cn/indicator/SL. UEM. TOTL. FE. ZS.

从整体来看,自 2015 年以来,主要国家的失业率总体呈现出一种下降的态势。这一趋势表明,在全球经济稳步增长的背景下,多数国家的就业市场逐渐趋稳,女性劳动者的就业机会和就业环境得到了相对改善。然而,这种良好的发展势头在 2020 年遭遇了重大挑战。2020 年,新冠疫情的暴发给全球经济带来了前所未有的冲击。新冠疫情导致许多企业停工停产,经济活动陷入停滞,从而引发了大规模的失业潮。

在这一背景下,各国失业率均呈现出明显的上升和波动态势。这种变化不仅反映了新冠疫情对经济的直接影响,也揭示了各国在应对新冠疫情挑战时所面临的种种困难。特别值得注意的是,美国在 2020

年的失业率出现了突然的飙升。这一现象凸显了疫情对美国经济的巨大冲击，以及该国在应对失业问题上的艰巨任务。与此同时，其他国家如中国、德国等虽然也受到了疫情的影响，但失业率的上升幅度相对较小，显示出这些国家在稳定就业市场、保障女性劳动者权益方面的积极努力和成效。当然，失业率的上升并非完全由新冠疫情所致。它还与各国的经济结构、产业布局、劳动力市场政策等多种因素密切相关。因此，在分析各国失业率变化的原因时，我们需要综合考虑各种因素，并结合具体的国情来进行分析和判断。

此外，图 3-4 还提醒我们关注女性劳动者在失业问题上的特殊性和脆弱性。女性劳动者往往更容易受到经济波动和社会变革的影响，相比男性就面临更大的就业压力和风险。因此，各国在制定就业政策和措施时，应充分考虑女性的需求和利益，确保她们能够平等地享受经济发展带来的红利。针对新冠疫情带来的失业问题，各国政府和社会各界已经采取了一系列应对措施。例如，加大对失业人员的救助力度、提供职业培训和就业指导、鼓励企业吸纳失业人员等。这些措施在一定程度上缓解了失业问题带来的社会压力，也为女性劳动者提供了更多的就业机会和发展空间。然而，要根本解决失业问题，还需要从更深层次上推进经济结构调整和产业升级。通过发展新兴产业、提高劳动生产率、优化劳动力结构等方式，增强经济的内生增长动力，为女性劳动者创造更多高质量的就业机会。

三、女性创业情况对比分析

女性创业作为女性就业的一种特殊且充满活力的形式，日益受到广泛关注。全球创业观察（GEM）组织对各国创业率进行了定义，即 18—64 岁人口中初创企业的企业家或新企业的所有者兼经理等所占相应人口的比例。这一指标为我们提供了衡量各国创业活跃度和创新能力的重要依据。中国的新创业率一直保持在 10% 左右，这一水平与美国、日本、德国等主要发达国家相比,显示出中国在创业领域的较高活跃度。这既体现了中国经济的蓬勃发展和市场潜力的巨大,也反映了中国政府对创业创新的支持和鼓励。

世界创新研究机构进一步将各国的创业模式划分为机会型创业和生存型创业两种类型。机会型创业是指个体在认识到新的商业机会后,积极进行创新并创办企业的行为。这种创业模式通常伴随着较高的创新效率和成长性,对推动社会经济更好更快地发展具有重要意义。而生存型创业则是指个人由于没有其他更好的选择,迫于生存压力而进行的创业活动。这种创业模式往往较为被动,缺乏长期的发展潜力和竞争力。近年来,中国机会型创业的比例虽然一直保持在35%左右,但与美国、德国等发达国家相比仍存在一定差异。

值得注意的是,中国的机会型创业比例远远高于日本,显示出中国在创新创业领域的潜力和优势。机会型创业与生存型创业相比,具有更好的成长性和发展潜力。机会型创业不仅能够创造更多的就业机会,提升就业水平,还能够推动产业升级和经济发展。因此,各国政府和社会各界都应积极支持和鼓励机会型创业的发展,为创业者提供更多的政策支持和资源保障。图3-5展示了主要国家2020—2021年机会型创业率的情况。

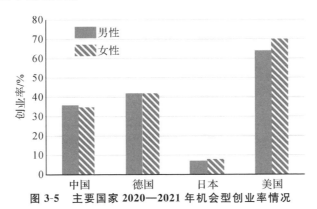

图 3-5 主要国家 2020—2021 年机会型创业率情况

数据来源:全球创业观察(GEM)官网,https://www.gemconsortium.org/data/key-aps.

从图 3-5 中可以看出,不同国家的机会型创业率存在明显的差异。一些发达国家如美国和德国,由于其经济发达、创新能力强,机会型创业率较高。而中国作为新兴市场国家,虽然近年来在创新创业方面取得了显著进展,但与这些发达国家相比仍有一定差距。然而,我们也应该看到,中国在创新创业领域的潜力和优势是巨大的。

随着政府对创新创业政策的不断完善和支持力度的加大,以及市场环境的不断优化和创业氛围的日益浓厚,相信中国的机会型创业率将会得到进一步提升,为经济社会的持续健康发展注入新的动力。同时,我们也应该关注到女性创业者在机会型创业中的重要作用。女性创业者往往具有独特的视角和思维方式,能够为市场带来不同的创新点和竞争优势。因此,鼓励和支持女性创业不仅有助于提升女性在经济社会中的地位和作用,还能够为创业创新领域注入更多的活力和创新力。

图 3-6 为我们呈现了中国、德国、日本、美国四国在创业率方面的性别差异对比。2020—2021 年,不同国家的女性创业者在整体创业人群中的占比呈现出不同的趋势。日本和德国的女性创业率相对于男性创业率的占比均出现了下降,这反映出在这两个国家中,女性创业的步伐可能在某种程度上有所放缓。相比之下,美国和中国的情况则显得稍好一些。在这两个国家中,女性创业率与男性创业率的占比有所上升,这显示出女性创业活动在这两个国家中可能正在逐渐得到更多的关注和支持。

然而,尽管有所增长,但即便是占比最高的中国,这一比例也未能超过 0.9,意味着女性创业者的数量仍然远远少于男性创业者。而美国的情况则更为严峻,其女性创业率与男性创业率甚至均未能超过 0.6,这进一步凸显了女性创业在美国的相对滞后。这一数据对比不仅揭示了女性创业在各国的发展现状,也反映了女性在创业领域所面临的挑战和困难。尽管越来越多的女性开始意识到创业的价值和潜力,并积极投身其中,但她们在获取资金、资源、市场机会等方面往往

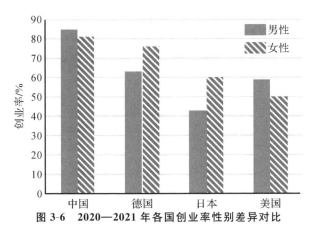

图 3-6 2020—2021 年各国创业率性别差异对比

数据来源：全球创业观察（GEM）官网，https://www.
gemconsortium.org/data/key-aps.

面临比男性更多的障碍和限制。这导致女性在创业过程中往往处于
相对弱势的地位，难以充分发挥自己的潜力和才能。

此外，社会观念和文化传统也在一定程度上影响了女性创业的发
展。在一些社会中，女性被期望承担照顾家庭和子女的责任，这使得
她们在追求职业发展和创业方面可能面临更多的社会压力和偏见。
这种观念的存在不仅限制了女性的职业发展机会，也阻碍了女性创业
活动的蓬勃开展。然而，我们也应该看到，随着社会的进步和观念的
转变，越来越多的国家和地区开始重视女性创业的发展。一些政府机
构和社会组织已经开始采取积极措施来推动女性创业，如提供创业培
训、资金支持和政策扶持等。这些努力不仅有助于提升女性创业者的
数量和质量，也能够为经济社会的持续发展注入新的活力和动力。

根据《金砖国家女性发展报告（2023）》的数据，我们得以一窥
2020—2021 年金砖国家女性创业者的发展态势。令人遗憾的是，除
了中国表现出略微的上升趋势外，其他金砖国家的女性创业者指数均
出现了不同程度的下滑。其中，印度的女性创业者指数下降了 3.1，而
俄罗斯则下降了 1.5，这一趋势在图 3-7 中得到了清晰的展现。

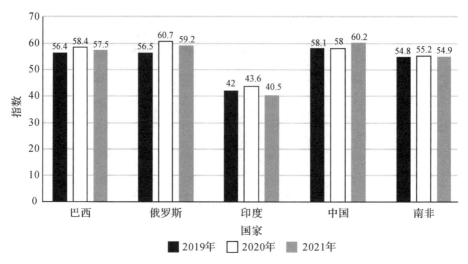

图 3-7　金砖国家女性创业者指数

数据来源:《金砖国家女性发展报告(2023)》。

这一数据反映出,尽管在全球范围内,女性创业者的数量和影响力在逐渐增强,但在金砖国家这样的发展中国家阵营中,女性创业者仍然面临诸多挑战和困难。这些挑战可能来自资金、资源、市场机会等多方面,而社会对女性创业者的刻板印象和偏见也可能成为阻碍其发展的因素。值得注意的是,中国在这一时期的女性创业者指数出现了上升,这显示出中国在鼓励和支持女性创业方面所做的努力开始取得成效。与此同时,我们也应该看到,即使在中国,女性创业者的比例和影响力仍然有待进一步提升。因此,我们需要继续加强政策扶持和社会支持,为女性创业者创造更加公平、包容和有利的创业环境。

为了推动金砖国家乃至全球范围内女性创业的发展,我们需要采取一系列有效的措施。首先,政府应该出台更加积极的政策,为女性创业者提供资金、税收、培训等方面的支持。其次,社会各界应该加强对女性创业的宣传和推广,提高女性创业的社会认可度和影响力。同时,我们也应该鼓励和支持女性创业者之间的交流和合作,促进她们之间的资源共享和经验互鉴。最后,我们还需要关注女性创业者在创业过程中可能遇到的特殊问题和挑战。例如,女性创业者可能更容易受到家庭责任和社会角色的影响,因此在平衡家庭和工作方面需要更多的支持和帮助。同时,女性创业者在获取资源和市场机会方面也可能面临更多的困难,我们需要通过政策引导和市场机制的创新来解决这些问题。

总之,无论是在发达国家还是在发展中国家,女性创业者都是推动经济社会发展的重要力量。然而,她们在创业过程中仍然面临诸多挑战和困难,需要得到更多的鼓励和政策扶持。通过加强政策引导、社会支持和女性创业者之间的交流合作,我们可以为女性创业创造更加有利的环境,推动女性创业在全球范围内蓬勃发展。同时,我们也应该意识到,女性创业的发展不仅关乎女性自身的权益和地位提升,更关系到整个社会的创新能力和经济发展活力。因此,我们应该从更加宏观的视角来看待女性创业问题,将其纳入国家和社会发展的整体战略中加以推进。

此外,随着科技的进步和数字化时代的到来,女性创业也面临新的机遇和挑战。我们需要关注新技术对女性创业的影响,为女性创业者提供更加有针对性的支持和帮助。同时,我们也需要鼓励女性创业者积极拥抱新技术、探索新的商业模式和创业路径,以更好地适应数字化时代的发展趋势。

第二节　我国女性就业现状分析

为了更好地研究数字经济的发展对我国女性就业创业所带来的深远影响,首先需要详尽地分析目前我国女性的就业现状,从而为后续的研究奠定坚实的基础。为此我们深入查阅了国家统计局发布的《中国统计年鉴》《中国劳动统计年鉴》以及国民经济社会统计公报等权威资料,搜集并整理了 2017—2022 年我国女性就业的相关数据。

通过从多个维度出发,包括我国就业人数的产业分布情况、女性整体就业比重、分行业城镇非私营单位女性就业人员年末人数、历年登记注册类型城镇非私营单位女性就业人员年末人数,以及我国城镇女性就业年龄构成及受教育水平等,试图全面且深入地剖析我国女性的就业现状。

首先,从就业人数的产业分布情况来看,近年来我国女性的就业结构正逐渐优化。随着数字经济和互联网技术的迅猛发展,服务业逐渐成为吸纳女性就业的主力军。越来越多的女性开始涉足信息技术、金融、教育、医疗等现代服务业领域,这些行业不仅为女性提供了更加广阔的就业空间,也推动了女性在职场中的地位逐渐提升。

其次,从女性整体就业比重来看,我国女性就业人数持续增长,占全社会就业人员的比重也在稳步提升。这一变化不仅反映了我国女性就业权益的保障力度不断加大,也体现了女性在经济社会发展中的重要作用日益凸显。尤其是在数字经济领域,女性凭借其独特的优势和特点,如细致、耐心、善于沟通等,在电商、网络营销、数据分析等方面展现出了强大的竞争力。

最后,在不同行业和登记注册类型的企业中,女性就业人员的分布情况存在差异。一些传统行业如制造业、建筑业等,由于工作性质较为艰苦,女性就业比重相对较低。而一些新兴行业如互联网、金融等,则更加青睐具备专业技能和创新精神的女性人才。同时,在不同登记注册类型的企业中,女性就业人员的数量和比例也呈现出不同的特点。

此外,在城镇女性就业年龄构成方面,年轻女性是就业市场的主力军。她们通常具备较强的学习能力和适应能力,能够迅速掌握新技术和新知识,适应数字经济带来的变化。而中年女性则更多地在一些传统行业或稳定岗位上发挥着自己的作用。随着受教育水平的普遍提高,越来越多的女性具备了高学历和专业技能,这使得她们在就业市场中更具竞争力。

一、我国三大产业的就业现状分析

如表 3-1 所示，这些数据来源于国家统计局发布的《2023 年中国统计年鉴》，它们详细地展示了 2017—2022 年我国就业总人数以及三大产业（第一产业、第二产业和第三产业）的就业分布情况。

表 3-1　2017—2022 年我国三大产业就业基本情况

（单位：万人）

年份	2017	2018	2019	2020	2021	2022
就业总人数	76058	75782	75447	75064	74652	73361
第一产业	20295	19515	18652	17715	17072	17663
第二产业	21762	21356	21234	21543	21712	21105
第三产业	34001	34911	35561	35806	35868	34593

数据来源：国家统计局，https://data.stats.gov.cn/easyquery.htm? cn＝C01.

这些数据为我们提供了一个全面的视角，来观察和分析我国近年来就业市场的变化和发展趋势。首先，2017—2022 年，我国的就业总人数呈现出一种略微下降的趋势。从 2017 年的 76058 万人到 2022 年的 73361 万人，就业总人数减少了 2697 万人。这一变化反映了我国经济结构的调整、产业升级以及技术进步对就业市场的影响。尽管就业总人数有所下降，但考虑到我国庞大的人口基数，这一变化仍在可控范围内。接下来，我们分析第一产业、第二产业和第三产业的就业分布情况。

第一产业主要包括农业、林业、牧业和渔业等。从表 3-1 中的数据可以看出，2017—2021 年，第一产业的就业人数呈现出逐年递减的趋势，这可能与农业现代化的推进以及农村劳动力的转移有关。然而，值得注意的是，在 2022 年，第一产业就业人数出现了小幅上升，这可能与当年农业政策调整、市场需求变化等因素有关。第二产业主要包括工业和建筑业。从表 3-1 中数据可以看出，第二产业的就业人数年度数据有增有减，但总体波动幅度不大。这表明，尽管我国正在推进工业结构调整和产业升级，但在短期内，第二产业仍然是吸纳就业的重要领域。然而，随着技术的不断进步和产业结构的优化，未来第二产业的就业结构可能会发生变化。第三产业主要包括服务业。从表 3-1 中数据可以看出，2017—2021 年，第三产业的就业人数在逐年递增，这反映了我国服务业的快速发展和对就业市场的贡献。然而，在 2022 年，第三产业的就业人数出现了明显下降，这可能与当年经济形势、市场需求等因素的影响有关。尽管如此，从长远来看，随着我国经济结构的持续优化和消费升级的推动，服务业仍然具有巨大的发展潜力，并将继续成为吸纳就业的重要领域。

除了对三大产业就业分布的分析外，我们还需要关注这些数据背后的深层次原因。一方面，随着我国经济的快速发展和城市化进程的推进，劳动力从农村向城市转移、从第一产业向第二、三产业转移的趋势仍在继续。另一方面，技术进步和产业升级也对就业市场产生了深远的影响。一些传统行业面临就业岗位的减少和就业结构的调整，而一些新兴行业和领域则提供了更多的就业机会和岗位。

为了更直观地揭示我国就业人数在不同产业间的结构性变化，我们根据表 3-1 的数据精心绘制了相关折线图（如图 3-8 所示）。通过图 3-8，我们能够更加清晰地观察到 2017—2022 年三大产业就业人数的变化趋势。

首先，让我们聚焦于第一产业的就业人数变化。在图 3-8 中，第一产业就业人数的折线呈现出一种逐年递减的态势，尽管在 2022 年有所回升，但整体上仍然呈现出下降的趋势。这一变化反映了我国经济结构转型和产业升级对农业领域就业的影响。随着农业现代化的推进，农村劳动力的转移和就业结构的调整成为必然。

其次，我们观察第二产业的就业人数变化。在图 3-8 中，第二产业的折线呈现出一种相对平稳的态势，有增有减但波动幅度不大。这表明，尽管我国正在大力推动工业结构调整和技术创新，但在短期内，

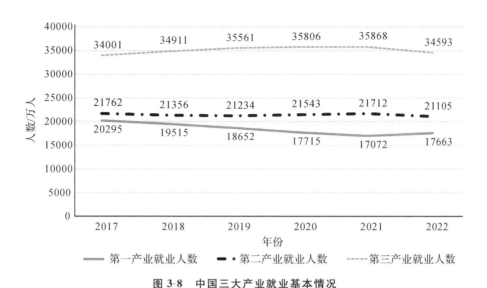

图3-8　中国三大产业就业基本情况

数据来源:国家统计局:https://www.stats.gov.cn/。

第二产业仍然是吸纳就业的重要领域。不过,随着技术进步和产业转型的深入,未来第二产业的就业结构可能会发生进一步的变化。

最后,我们来看第三产业的就业人数变化。在图3-8中,2017—2021年,第三产业的折线呈现出一种上升趋势。然而,到了2022年,这一趋势出现了逆转,第三产业就业人数出现了明显的下降。这一变化可能与当年的经济形势、市场需求以及新冠疫情影响等多种因素有关。尽管如此,从长期来看,随着我国经济结构的优化和消费升级的推动,第三产业仍然具有巨大的发展潜力,并将继续成为吸纳就业的重要力量。通过图3-8的展示,我们可以更加直观地看出我国就业人数的结构性变化。第一产业就业人数的逐年递减反映了农业领域的就业调整;第二产业就业人数的相对稳定则表明工业领域仍然是吸纳就业的重要领域;而第三产业就业人数的快速增长则凸显了服务业在我国经济发展中的重要地位。同时,图3-8也为我们提供了一些有价值的启示:随着经济的发展和社会的进步,就业结构的变化是不可避免的。

观察图 3-8 中近年来我国第三产业就业人数的折线图,我们可以清晰地看到我国第三产业的就业人数总体上呈现出一种小幅增长的趋势。具体来说,2017—2021 年,第三产业就业人数持续增加,2021 年相较于 2017 年增长了 5%,这一增长态势在很大程度上得益于近年来我国工业化、城镇化、信息化进程的快速推进。这些发展因素共同创造了一个比以往任何时候都更为广阔的就业环境,吸引了大量劳动力涌入第三产业。

特别值得一提的是,互联网技术的迅猛发展在推动第三产业就业增长中起到了关键作用。随着互联网技术的广泛应用和普及,我国第三产业,尤其是服务业的比重不断攀升。以金融、投资等为代表的服务行业在近年来持续繁荣发展,不仅提供了大量的就业机会,也吸引了越来越多的高素质人才加入。这些行业的发展不仅推动了我国经济的转型升级,也为就业市场的稳定发展提供了有力支撑。

然而,在 2022 年,我们观察到第三产业就业人数出现了略有下降的情况。这一现象在很大程度上受到了新冠疫情的影响。新冠疫情的暴发和持续蔓延给我国经济社会发展带来了前所未有的挑战,旅游、酒店、零售等众多行业受到了严重冲击,许多企业不得不采取停工或裁员等措施以应对经营压力。这使得不同产业的劳动力供需关系发生了显著变化,第三产业受新冠疫情的冲击尤为明显。由于这些行业大多是劳动密集型产业,对劳动力的需求较大,因此新冠疫情对它们的影响也更为直接和严重。这导致了第三产业就业人数在 2022 年出现了小幅减少的情况。尽管新冠疫情对第三产业就业市场造成了一定的冲击,但我们也应该看到,在新冠疫情得到有效控制和经济逐步复苏的背景下,第三产业仍然具有巨大的发展潜力。随着数字化转型的深入推进和新兴产业的快速发展,第三产业将继续成为吸纳就业的重要领域。同时,政府和社会各界也在积极采取措施,加强就业政策支持和培训体系建设,为第三产业就业市场的稳定发展提供有力保障。

二、我国女性就业情况分析

关于我国女性就业现状的分析,官方资料主要聚焦于城镇女性的就业情况,鉴于此,本书以城镇女性就业数据为切入点,窥探并研究我国女性整体的就业态势。图 3-9 清晰地描绘了 2012—2022 年来我国城镇女性就业人员数占城镇就业人员总数的比重变化轨迹。从图中可以观察到,2012—2022 年来,我国城镇女性就业人数占比始终稳定在 40% 以上的水平,这充分表明女性在我国城镇就业市场中占据了不可忽视的地位。

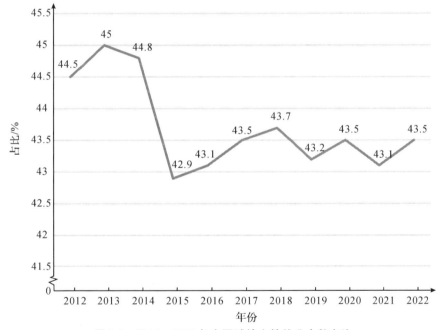

图 3-9　2012—2022 年中国城镇女性就业人数占比

数据来源:国家统计局人口和就业统计局,人力资源和社会保障部规划财务局.中国劳动统计年鉴(2023)[M].北京:中国统计出版社,2023.

2013 年,这一比例达到了峰值,即 45%,显示出当年女性就业的强劲势头和广泛参与度。然而,在 2015 年,这一比例出现了小幅下滑,跌破43％的关口,具体数值为42.9％。尽管有所下降,但这一数字仍然高于40％的基准线,说明女性就业的基本盘依然稳固。自2015年之后,我国城镇女性就业人数占比基本在43％这一数据水平上下波动,呈现出一种相对稳定的态势。这种稳定性既反映了我国就业市场对女性的持续需求和认可,也体现了女性在就业领域中的不断努力和进步。

值得注意的是,尽管女性在城镇就业市场中的占比保持相对稳定,但仍然存在进一步提升的空间。随着社会的不断进步和观念的日益开放,女性在职场中的角色和地位也在逐步得到提升。越来越多的女性开始追求自我价值的实现和职业发展的机会,她们在各个领域都展现出了不俗的实力和潜力。然而,我们也要看到,女性在就业过程中仍然面临一些挑战和困难。比如,一些传统观念和社会偏见仍然存在,对女性的职业发展造成了一定的阻碍。此外,女性在家庭和职场之间的平衡问题也一直是她们面临的重要课题。

因此,我们需要进一步加强对女性就业的支持和保障,为她们创造更加公平、友好的就业环境。为了推动女性就业的发展,政府和社会各界应该采取积极有效的措施。首先,应该加强法律法规的制定和执行,保障女性在就业中的合法权益不受侵犯。其次,应该加大对女性就业的支持力度,提供更多的职业培训和就业指导服务,帮助她们提升职业技能和竞争力。最后,应该倡导和推动性别平等观念的普及和落实,打破传统观念的束缚,为女性在职场中的发展创造更加广阔的空间。

图3-10直观地展示了根据《中国劳动统计年鉴(2023)》所整理的2022年全国分行业城镇非私营单位的女性就业人员年末人数。从图3-10中的数据可以清晰地看出,目前我国城镇女性在非私营单位的就业分布广泛,涵盖了全产业的近20个行业。特别值得注意的是,在2022年底,制造业,教育,卫生和社会工作,公共管理、社会保障和社会组织等行业成为女性就业人数最多的领域,这些行业中的女性就业

人数占据了绝对优势。

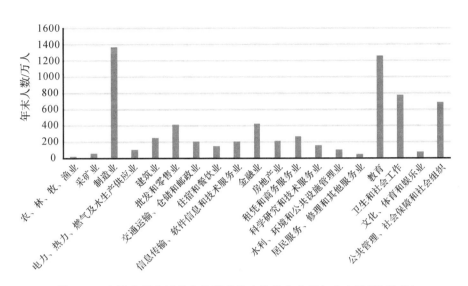

图 3-10　全国分行业城镇非私营单位女性就业人员年末人数(2022 年)

数据来源:国家统计局人口和就业统计局,人力资源和社会保障部规划财务
局. 中国劳动统计年鉴(2023)[M].北京:中国统计出版社,2023.

　　制造业作为国民经济的支柱产业,为女性提供了大量的就业机
会。随着制造业的转型升级和技术进步,越来越多的女性开始参与到
这一领域的工作中,她们在生产线、技术研发、管理等多个岗位上发挥
着重要作用。教育行业也是女性就业的重要领域之一。女性在教育
行业中的优势在于她们天生的细腻和耐心,这使得她们在教书育人、
学生管理等方面表现出色。无论是中小学还是高等教育机构,都离不
开女性教师的辛勤付出和贡献。

　　卫生和社会工作行业同样吸引了大量女性就业者。女性在医疗
护理、康复保健、心理咨询等方面具有独特的优势,她们的专业技能和
细致入微的服务态度赢得了广泛认可。在应对公共卫生事件和社会
救助等方面,女性也发挥着不可替代的作用。公共管理、社会保障和
社会组织等行业也是女性就业的重要阵地。这些行业涉及政府管理、
公共服务、社会福利等多个方面,女性在这些领域中的参与和贡献不

仅提升了行业的服务水平,也推动了社会的进步和发展。

然而,尽管女性在多个行业中都表现出色,但在某些领域仍存在性别歧视和不平等待遇的问题。为了推动女性就业的进一步发展,我们需要加强相关法律法规的制定和执行,确保女性在就业市场上的平等权利和机会。同时,我们还应加强职业培训和指导,帮助女性提升就业能力和竞争力,让她们在更广泛的领域和岗位上实现自我价值和社会价值。此外,我们还应关注到女性就业在不同地区和不同行业之间的差异。由于地域、经济、文化等方面因素的影响,女性就业在不同地区和不同行业中的发展状况并不均衡。因此,我们需要根据不同地区和不同行业的实际情况,制定有针对性的政策和措施,以促进女性就业的均衡发展。

从全国 2011—2022 年登记注册类型城镇非私营单位女性就业人员年末人数的统计数据来看,城镇女性就业的主体单位类型主要集中在城镇集体单位。这些单位不仅为女性提供了大量的就业机会,还是女性就业的重要载体。近年来,除了 2012—2013 年城镇集体单位女性就业人数出现较为明显的增幅外,其余年份的数据都保持在一个相对稳定的水平,显示出城镇集体单位在女性就业市场中的稳定性和持续性。与此同时,国有单位也是女性就业的重要选择之一。2011—2022 年,国有单位女性就业人数一直保持着极为平稳的发展态势,这表明国有单位在吸纳女性就业方面发挥了重要作用。然而,与城镇集体单位和国有单位相比,其他类型的单位在女性就业中的占比并不大,这可能与不同单位的性质、规模和发展状况有关。具体分布情况如图 3-11 所示,该图清晰地展示了全国 2011—2022 年登记注册类型城镇非私营单位女性就业人员年末人数的变化趋势。

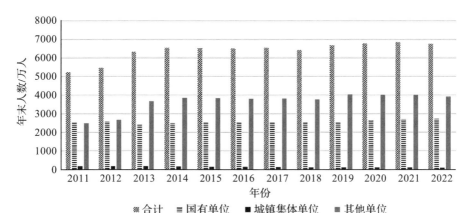

图 3-11　全国 2011—2022 年登记注册类型城镇非私营单位女性就业人员年末人数

数据来源：国家统计局人口和就业统计局，人力资源和社会保障部规划财务局.
中国劳动统计年鉴(2023)[M].北京：中国统计出版社，2023.

从图 3-11 可以看出，城镇集体单位和国有单位是女性就业的主要力量，而其他单位类型虽然也在一定程度上吸纳了女性就业，但整体规模相对较小。这一数据分布情况反映了我国城镇女性就业的结构特点和发展趋势。一方面，城镇集体单位和国有单位作为传统的就业主体，在女性就业市场中占据着重要地位，为女性提供了稳定和有保障的就业机会。另一方面，随着经济社会的发展和就业市场的多元化，其他类型的单位也逐渐成为女性就业的重要选择，为女性提供了更多的就业机会和发展空间。

图 3-12 展示了 2022 年我国城镇就业女性的年龄构成情况，揭示了不同年龄层女性在职场中的分布态势。从图 3-12 中的数据可以明显看出，30—34 岁、35—39 岁、45—49 岁以及 50—54 岁这几个年龄段的女性在城镇就业中的占比均为 13%，她们构成了城镇女性就业的中坚力量，为社会的经济发展贡献着不可忽视的力量。而 40—44 岁年龄段的女性就业占比也非常接近，达到了 12%，显示出这一年龄段的女性同样在职场中占据重要地位。值得注意的是，在统计的年龄段中，60—64 岁年龄段城镇就业女性的占比达到了 4%，而 65 岁及以上女性就业群体的比重更是高达 8%。这一数据反映了我国人口老龄化

趋势对就业市场的影响,以及延迟退休政策可能带来的变化。随着人口老龄化问题的日益突出,延迟退休成了社会热议的话题,越来越多的高级知识分子被返聘回职场,这使得 65 岁及以上女性就业人员的比重有所增加。

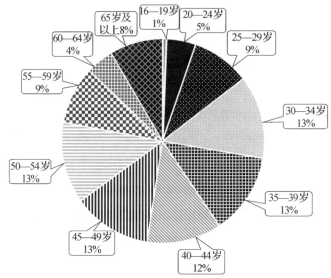

图 3-12　我国城镇女性就业年龄构成(2022 年)

数据来源:国家统计局人口和就业统计局,人力资源和社会保障部规划财务局. 中国劳动统计年鉴(2023)[M]. 北京:中国统计出版社,2023.

　　造成这一现象的原因是多方面的。首先,国家对人口老龄化的高度重视推动了相关政策的制定和实施,延迟退休政策的提出为老年人继续参与社会劳动提供了可能。其次,随着医疗技术的进步和生活水平的提高,老年人的健康状况得到了显著改善,他们有更多的机会和能力继续工作。最后,一些高级知识分子由于具有丰富的经验和专业知识,被企业返聘回岗位,继续发挥余热,这也为 65 岁及以上女性就业人员比重的增加提供了条件。然而,我们也应看到,老年女性就业面临着一些挑战和困难。由于年龄和体力的限制,她们可能无法胜任一些高强度的劳动工作;同时,在求职过程中也可能会遭遇到一些不公平的待遇和歧视。因此,我们需要进一步完善相关政策措施,为老年女性提供更加公平、友好的就业环境。

除了老年女性就业问题外,图 3-12 还展示了其他年龄段女性的就业情况。同时,不同年龄段的女性在就业市场中呈现出不同的特点和趋势。例如,年轻女性可能更倾向于选择具有挑战性和发展空间的职业;而中年女性则可能更注重工作的稳定性和福利待遇。这些差异反映了不同年龄段女性的职业需求和价值观的不同。

受教育程度作为影响劳动力进入劳动市场时间的关键因素,对各个阶段女性的就业比重都产生了深远影响。为了深入剖析不同受教育程度女性在职场中的分布状况,我们根据我国现行的教育体系,将教育层次划分为初等教育、中等教育以及高等教育三大类别。在此基础上,进一步将女性就业的受教育程度细化为四个部分:未上过学、小学和初中、高中(涵盖中等职业教育与高等职业教育)、大学专科及以上。

通过图 3-13 所展示的数据,我们可以清晰地看到我国城镇女性在不同受教育程度下的就业比重分布情况。首先,未上过学的女性在就业市场中的占比相对较低,这反映出随着我国教育普及程度的提高,越来越多的女性获得了接受教育的机会,进而提升了她们在职场中的竞争力。其次,小学和初中教育程度的女性在就业市场中占据了一定的比例,这部分女性主要分布在一些对学历要求不高的劳动密集型行业。虽然她们的教育背景相对简单,但通过勤劳和努力,她们同样为社会的经济发展做出了重要贡献。高中教育程度的女性在就业市场中的占比相对较高,这部分女性通常具备了一定的专业技能和知识,能够胜任一些技术性或管理性的工作。随着中等职业教育的普及和高等职业教育的发展,越来越多的女性选择接受这一层次的教育,以提升自身的职业素养和竞争力。最后,大学专科及以上教育程度的女性在就业市场中的占比逐年上升,这反映出我国高等教育的发展为女性提供了更多的职业选择和发展空间。这部分女性通常具备较强的学习能力和创新能力,能够在各个行业中脱颖而出,成为职场中的佼佼者。

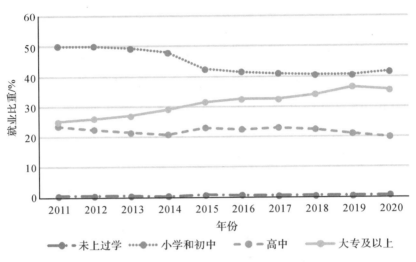

图 3-13　2011—2022 年我国城镇女性不同受教育程度就业比重

资料来源:根据历年《中国劳动统计年鉴》数据绘制。

根据图 3-13 所展示的数据,我们还可以清晰地观察到 2011—2020 年,我国城镇女性因受教育程度不同而展现出的就业比重差异。在此期间,受教育程度为小学和初中的女性就业比重始终保持在最高水平,超过 40%,成为女性就业市场的主力军。相对而言,未上过学的女性就业比重则处于最低水平,不超过 2%。具体来看,未上过学的女性就业比重在这 10 年间变化不大,始终维持在较低水平,这反映出教育普及的成效以及劳动力市场对教育背景的基本要求。

同时,我们也注意到,受教育程度为小学和初中的女性就业比重在经历了一段时期的下降后,于 2020 年有所回升。从 2011 年的 50.1%下降至 2019 年的 40.9%,降幅达 9.2%,但在 2020 年这一比重回升至 42.4%。这可能与经济结构调整、产业升级以及政策导向等多方面因素有关。

此外,受教育程度为大专及以上的女性就业比重呈现出持续上升的趋势。从 2011 年的 25.6%上升至 2019 年的 36.5%,上升了 10.

9 个百分点。这一增长趋势不仅反映了我国高等教育普及程度的提高,也体现了女性在高等教育领域的积极参与和成就。然而,值得注意的是,2020 年这一比重略有下降,降至 35.7%,这可能与当年新冠疫情的影响有关,导致部分应届毕业生的就业面临一定困难。至于受教育程度为高中的女性就业比重,其变化趋势相对复杂,呈现出先降低后升高再降低的波动。特别是在 2020 年,高中与大专及以上学历的女性就业比重均出现下降,这可能与新冠疫情导致的就业市场波动以及毕业生数量增加等因素有关。

总体而言,从这些数据中我们可以看出,受教育程度高的女性就业比重在逐渐增加,这与国家提倡的人才强国战略紧密相关。随着国家经济社会的发展和教育水平的提高,越来越多的女性有机会接受高等教育,从而提升了她们在就业市场中的竞争力。同时,我们也应认识到,教育对于女性就业的重要性不容忽视,未来应继续加大教育投入,提高女性受教育程度,为她们创造更加公平、友好的就业环境。此外,面对突发事件对就业市场的影响,我们也需要采取有效措施来应对。例如,加强就业指导和服务工作,帮助女性毕业生顺利实现就业;推动产业结构调整和升级,为女性提供更多适合她们的就业岗位;加强政策支持和保障,确保女性在就业过程中享有平等的权利和机会。

本章小结

本章主要对女性就业国际比较和我国女性就业现状两大部分的内容进行了全面而深入的分析。在进行女性就业国际比较时,主要通过劳动参与率、女性就业率、全球各国创业率以及女性创业者指数等多个指标,对中国与欧美主要发达国家和金砖国家进行了对比。在我国女性就业现状分析部分,借助国家统计局等官方公布的翔实数据,在对我国三大产业的就业情况进行初步分析的基础上,选择以城镇女性就业群体为重点研究对象来分析我国女性整体的就业现状,具体分析指标包括近 10 年中国城镇女性就业人数占比、全国分行业城镇非私营单位女性就业占比、城镇女性就业年龄构成、受教育情况等,以期对我国女性的就业现状进行画像。但由于研究数据不够完整、不够系统,本书对于我国当前最新的女性就业情况的分析还不够全面,同时对于如浙江、广东、江苏等重点研究区域的女性就业情况也缺乏全面而深入的分析与对比。

第四章　我国数字经济的发展现状

第一节　数字经济的内涵及其测定

数字经济是指以数字技术为基础，以数据为核心的经济形态。它涵盖了基于数字技术和信息通信技术的经济活动。这一概念最初于20世纪90年代被塔普斯科特（Tapscott）提出。他指出，数字经济主要是指借助数字化技术从而构建出的一个全新形态的经济系统。数字经济的主要特征是信息化、网络化、智能化和全球化，其核心是数字技术和数据资源的广泛应用，在电子商务、互联网金融、物联网、大数据、人工智能等领域都有其应用价值，主要涉及生产、交流、分配和消费等各个环节，具有高度创新性、跨界性、网络化和数据驱动等特点。数字经济从其内涵上讲也包含了信息经济、网络经济的特点。信息经济强调信息资源在经济活动中的核心地位和价值，包括生产、传播、处理和消费信息的过程，主要涉及信息的产生与传播，以及信息影响经济活动和市场行为的方式；网络经济聚焦于通过网络连接并互动的经济体，强调网络效应、平台效应等现象在经济活动中的重要作用，着重突出网络实现资源优化配置、降低交易成本的作用机制，同时关注网络对企业竞争策略和市场动态的影响。

国内许多学者也对数字经济进行了界定，他们认为数字经济是一种新型经济形态,其中数据作为生产要素、互联网作为载体,并与生产者和消费者相互融合。随着进一步研究,学界认为数字经济有狭义和广义之分。

狭义上,数字经济指的是构建在信息和通信技术产业基础之上的数字产品和数字服务业。梅森伯格(Mesenbourg)界定数字经济的范围包含数字化所需的基础设施、数字化的电子商务网络和电子商务交易产品。在此基础上,美国商务部(DOC)认定,数字经济包括三部分:一是计算机网络存在和运行所需的数字基础设施,包括计算机硬件、软件、电信设备与服务、提供数字支持的建筑物以及计算机支持与服务;二是使用数字系统进行的数字交易,即电子商务,包括 B2B、B2C 等;三是数字经济用户创建和访问的数字媒体,包括直销式数字媒体、免费式数字媒体和大数据。

广义上,数字经济是指利用数字技术与数字基础设施开展的一切生产、流通、消费与分配各个环节的经济活动。2016 年,G20 杭州峰会发布的《二十国集团数字经济发展与合作倡议》指出:数字经济是指以使用数字化的知识和信息作为关键生产要素、以现代信息网络作为重要载体、以信息通信技术的有效使用作为效率提升和经济结构优化的重要推动力的一系列经济活动。这一概念界定在 2021 年国家统计局公布的《数字经济及其核心产业统计分类(2021)》中再次得到确定。

当前,世界经济增长下行压力增大,实体经济面临转型升级困难。在此背景下,数字技术具有天然优势,可以解决传统产业面临的成本高、效率低、产业链上下游衔接不畅等难题,成了我国传统产业转型升级的重要路径。

一、数字经济的测算方法

为了评估中国数字经济的发展水平,中国电子信息产业发展研究院从要素、载体、技术和系统四个维度出发,构建了多层面的评价指标体系。同时,腾讯研究院通过"互联网＋"指数来衡量国内数字经济发展,涵盖数字经济、数字生活、数字文化和数字政务四个方面。以数字化知识和信息为关键生产要素,以现代信息网络为重要载体,信息技术的有效使用和数字经济的快速发展能够为效率提升和经济结构优化提供强大的驱动力。数字经济的发展同时推动了企业转型,让许多制造业企业思考传统制造业的生存空间,加速企业向数字化、智能化、网络化转型。数字经济的发展以数字化信息和知识在现代信息网络中的应用为基础,旨在提高信息技术的使用效率并优化经济结构。在这一过程中,数据充当核心生产要素,数字技术则是核心驱动力,先进的数字技术不断渗透到经济、社会等领域,改变传统生产力和生产关系,为产业结构的转型升级提供新动能。

结合研究主题,本书主要参考两种数字经济的测算方法。

一是生产法,就是在数字经济的界定范围内,通过统计行业数字经济增加值,估算区域数字经济的规模体量。关于利用增加值的生产法测算研究,最早是马克卢普(Machlup)在研究知识经济的增加值测算时提出的。近年来,随着数字经济的快速发展,国内外学者提出使用行业增加值计算数字经济发展水平。国际上,2014 年 OECD 提出用 ICT 行业增加值来代替数字经济增加值的测算。2018 年,DOC 发布了《数字经济的定义和测度》,根据投入产出表数据,对数字基础设施、电子商务和数字媒体的增加值进行加总,然后将其他行业增加值乘以该行业中数字行业中间投入占总投入的比例,两者相加得出数字经济规模。澳大利亚统计局、新西兰统计局和加拿大统计局在此基础上,测算国家数字经济增加值对其 GDP 的贡献。在国内,康铁祥借鉴了马克卢普的测算方法,从数字产业部门增加值和数字辅助活动增加值两个方面,对中国的数字经济规模进行测算。许宪春和张美慧[1]

① 许宪春,张美慧. 中国数字经济规模测算研究——基于国际比较的视角[J].中国工业经济,2020 (5):23-41.

借鉴 DOC 的方法,假设数字经济中间消耗占数字经济总产出的比重与相应产业中间消耗占总产出的比重相同,并引入增加值结构系数和数字经济调整系数,得到行业中数字经济增加值＝行业数字经济总产出×行业增加值率。2021 年 6 月,国家统计局发布了《数字经济及其核心产业统计分类(2021)》,鲜祖德和王天琪[①]以此为标准,借鉴许宪春和 DOC 的方法,测算了数字经济核心产业增加值,突破了以往学者只针对数字基础设施和电子商务进行测算的局限。

二是指数编制法,主要是从多个维度选取合适的指标,使用主成分分析法或熵值法对数字产业化的发展水平进行综合评估,构建数字经济发展指标。在相关指数编制法研究方面,小松崎清介等开启了"信息化指数"测算的研究方式。在此之后,有关国际组织、机构和学者开展了大量研究工作。国际上,美国信息技术与创新基金会(ITIF)编制了新经济指数;OECD 构建了 ICT 与数字经济统计指标体系;欧盟统计局(Eurostat)编制了数字经济和社会指数(Digital Economy and Society Index,DESI),DESI 成为反映欧盟各成员国数字经济发展水平与进程的重要工具和窗口;世界银行编制了知识经济指数(Knowledge Economy Index,KEI);奥耶佩拉和戈拉评姆在 KEI 的数据和估计方法的基础上构建了数字知识经济指数(Digital Knowledge Economy Index,DKEI)。在国内,有许多学者采用信息化指数方法来测度中国信息化的发展水平,中国信息通信研究院编制了数字经济指数(Digital Economy Index,DEI),力图对数字经济的发展态势进行观测和反映。张雪玲和焦月霞[②]建立了一种使用熵值法和指数法的评价数字经济发展的指标体系,研究结果显示对数字经济发展贡献最为突

---

① 鲜祖德,王天琪. 中国数字经济核心产业规模测算与预测[J]. 统计研究,2022(1):4-14.

② 张雪玲,焦月霞. 中国数字经济发展指数及其应用初探[J]. 浙江社会科学,2017(4):32-40,157.

出的是数字化基础设施建设以及企业数字化发展。张伯超和沈开艳[1]
构建出数字经济发展就绪度指标评价体系,结合数字化各类测算评价
指标,对共建"一带一路"国家的数字经济发展水平从不同维度进行了
相应的特征分析。吴翌琳[2]构建了国家数字竞争力测度指标体系,对
2018年世界主要国家数字竞争力进行了比较。沈运红和黄桁[3]采用
熵值法,讨论了构建数字经济驱动传统制造业结构优化升级的可行
性,并确立了数字化产业发展水平、数字基础设施建设水平和数字技
术创新科研水平等相应指标。

二、数字经济的核心产业统计范畴

根据《数字经济及其核心产业统计分类(2021)》报告所述,中国数
字经济产业范围为数字产品制造业、数字产品服务业、数字技术应用
业、数字要素驱动业和数字化效率提升业。其中,数字经济核心产业
是指为产业数字化发展提供数字技术、产品、服务、基础设施和解决方
案,以及完全依赖数字技术、数据要素的各类经济活动。数字产品制
造业、数字产品服务业、数字技术应用业和数字要素驱动业四大类为
数字经济核心产业,本书仅对这四大类进行分析。

第一大类,数字产品制造业,提供数字经济发展所需的各类元件、设
备、机器人等硬件设备和光纤电缆等通信基础设施。该大类下的中类包
括:计算机制造、通信及雷达设备制造、数字媒体设备制造、智能设备制
造、电子元器件及设备制造等,对应《国民经济行业分类》(GB/T 4754—
2017)标准,主要包括:计算机、通信和其他电子设备制造。该指标主

---

①　张伯超,沈开艳."一带一路"沿线国家数字经济发展就绪度定量评估与特征分
析[J].上海经济研究,2018(1):94-103.

②　吴翌琳.国家数字竞争力指数构建与国际比较研究[J].统计研究,2019(11):
14-25.

③　沈运红,黄桁.数字经济水平对制造业产业结构优化升级的影响研究——基于
浙江省2008—2017年面板数据[J].科技管理研究,2020(3):147-154.

要展现了制造业对数字经济发展水平的贡献程度。

第二大类,数字产品服务业,为数字产品提供流通及维修维护服务。该大类下的中类包括:数字产品批发、数字产品零售等,对应《国民经济行业分类》(GB/T 4754—2017)标准,主要包括:计算机、软件及辅助设备批发,计算机、软件及辅助设备零售,通信设备零售。该指标体现的是数字产品的服务质量,可以衡量数字产品服务业的发展水平。

第三大类,数字技术应用业,提供数字经济发展所需的软件产品、信息通信技术服务和信息传输服务。该大类下的中类包括:软件开发、电信、广播电视和卫星传输服务、互联网相关服务、信息技术服务等,对应《国民经济行业分类》(GB/T 4754—2017)标准,主要包括:电信、广播电视和卫星传输服务,互联网和相关服务,软件和信息技术服务业。该指标主要体现信息传输、软件和信息技术服务业对数字经济发展水平的贡献。

第四大类,数字要素驱动业,为产业数字化发展提供基础设施和解决方案。该大类下的中类包括:互联网批发零售、数字内容与媒体、数据资源与产权交易等,对应《国民经济行业分类》(GB/T 4754—2017)标准,主要包括:互联网批发,互联网零售,广播、电视、电影和影视录音制作,音像制品出版,电子出版物出版,数字出版,贸易经纪与代理。数字要素驱动指标主要体现数字经济在要素驱动方面的作用。各分类具体对应关系见表4-1。

表 4-1　中国数字经济产业分类

大类	中类	《国民经济行业分类》 (GB/T 4754—2017)代码
数字产品 制造业	计算机制造	39 计算机、通信和其他电子设备制造
	通信及雷达设备制造	
	数字媒体设备制造	
	智能设备制造	
	电子元器件及设备制造	

续表

大类	中类	《国民经济行业分类》 （GB/T 4754—2017）代码
数字产品 服务业	数字产品批发	5176 计算机、软件及辅助设备批发
	数字产品零售	5273 计算机、软件及辅助设备零售 5274 通信设备零售
数字技术 应用业	软件开发	63 电信、广播电视和卫星传输服务 64 互联网和相关服务 65 软件和信息技术服务业
	电信、广播电视和卫星传输服务	
	互联网相关服务	
	信息技术服务	
数字要素 驱动业	互联网批发零售	5193 互联网批发 5292 互联网零售
	数字内容与媒体	87 广播、电视、电影和影视录音制作 8624 音像制品出版 8625 电子出版物出版 8626 数字出版
	数据资源与产权交易	518 贸易经纪与代理

第二节　我国数字经济水平测度

一、数字经济指标体系构建

数字经济的发展受到多种因素的综合作用和影响。对于数字经济的测算，当前还没有一个相对统一的标准来对特定的几个或几方面指标进行明确的衡量。因此，为了能够比较全面地反映我国数字经济的发展水平，基于指标选取遵循的系统性、代表性、科学性和可行性原则，本节将依据国家统计局公布的《数字经济及其核心产业统计分类（2021）》，从"数字产业化"和"产业数字化"两个角度出发，结合当下中国数字经济发展特点以及众多学者的研究，选取数字基础设施、数字产业化、产业数字化、数字创新四个一级指标以及移动电话年末用户等 20 个二级指标来构建综合评价指标体系，以衡量我国数字经济发展水平，具体如表 4-2 所示。

表 4-2　数字经济发展水平指标体系

一级指标	二级指标	单位
数字基础设施	移动电话年末用户	万户
	互联网接入端口	万个
	互联网普及率	%
	移动电话普及率	部/百人
	域名数量	万个
	网站数量	万个
	企业网站占比	%
	企业使用计算机数占比	%
数字产业化	信息化从业人员占比	%
	软件业务收入	万元
	电信业务总量	万元
	信息技术服务收入	万元
产业数字化	电子商务销售额	万元
	电子商务采购额	万元
	有电子商务交易活动的企业数占比	%
	数字普惠金融指数	无
数字创新	规模以上工业企业 R&D 经费内部支出	万元
	规模以上工业企业 R&D 人员全时当量	人年
	专利申请授权数	件
	技术合同成交总额	万元

　　发展数字经济需要有相应的基础设施做铺垫。数字基础设施是以数据计算为中心的一系列基础设施体系。本书在参考众多研究文献的基础上，选取了移动电话年末用户、互联网接入端口、互联网普及率、移动电话普及率、域名数量、网站数量、企业网站占比、企业使用计

算机数占比这八个指标来表示数字经济基础设施的发展水平。

数字产业化是指由数字技术带来的产品和服务,如电子信息制造业、软件服务业、互联网等,通俗地说是将新兴数字技术发展成产业。数字经济的发展使企业能以更加方便快捷的方式参与全球市场,能更加精准地了解客户需求,满足消费者的喜好,获得市场份额。互联网作为数字技术应用水平的关键指标,也需要考虑在内。据此,本书选取信息化从业人员占比、软件业务收入、电信业务总量、信息技术服务收入四个指标来测量数字产业化。

产业数字化是在数字技术的引领下,对产业链上下游企业进行数字化升级,以及依靠数字技术、数据要素的各类经济活动。互联网的快速发展给电子商务及信息产业带来了蓬勃生机,从而为数字产业的发展打下了坚实的基础。故本书选取电子商务销售额、电子商务采购额、有电子商务交易活动的企业数占比、数字普惠金融指数四个指标来测度产业数字化。

数字创新就是将信息、计算、交流和技术结合起来,设立专门的创新组织,创造出新产品,改进生产流程,使其更加智能化、数字化等。本书在参考并综合现有研究成果的基础上,选取规模以上工业企业R&D(研究与试验发展)经费内部支出、规模以上工业企业 R&D 人员全时当量、专利申请授权数、技术合同成交额来测度数字创新。

二、数字经济发展水平结果与分析

当前已有文献对数字经济的测算方法主要有增加值法、熵值法和主成分分析法。在增加值法上,《中国数字经济发展白皮书(2020年)》对各行业在数字化转型过程中的资本积累进行测算,并结合增长核算框架模型,考虑了包括产业融合、数据资源利用等在内的多个方面,全面评估了数字经济的发展现状和未来走向。从丽丽[①]运用熵值法从数字基础设施建设、数字技术水平、数字贸易规模、贸易潜力四个方面来测算中国 31 个省份的数字贸易水平。朱飒[②]运用主成分分析法,评估了我国的数字贸易水平,得出了包括数字贸易方式等五个主要指标组成的数字贸易综合指数,并以此作为衡量我国数字贸易发展的重要依据。

本节所建立的评价体系中,各个指标对数字经济的影响程度存在差异,单位也不尽相同,为了保障测量结果的有效性,需要对每个指标采取合理的权重分配。故本节参考黄湾[③]的测度方法,采用熵值法进行计算,也可避免人为赋值导致的误差干扰。测度中所涉及的大部分原始数据来源主要以中国各省的统计年鉴和国家统计局数据库为主。数字普惠金融指数选自北大数字金融研究中心和蚂蚁集团研究院联合发布的《北京大学数字普惠金融指数(2011—2020 年)》。鉴于西藏自治区和港澳台地区缺失数据较多,且为了尽量避免新冠疫情对研究产生较大偏差影响,本节将对上述提及的相关数据进行剔除,最终采用 2011—2020 年 30 个省份的面板数据对我国整体数字经济发展水平进行测算,具体步骤如下。

第一步,建立 m 行×n 列数据原始矩阵:由于是面板数据,m 表示 30 个省份 10 年的样本数量,n 代表指标数。

$$\boldsymbol{X} = \{X_{ij}\}_{m \times n} \quad (0 < i \leqslant m, 0 < j \leqslant n) \tag{4.1}$$

第二步,用极值法进行数据标准化处理:由于标准化后可能出现部分数值为零的结果,使得后续计算失去意义。为此,参考拉普拉斯平滑定理,在数据标准化后进行一次平移操作。故标准化公式如下:

————————

① 从丽丽.数字贸易对中国制造业高质量发展的影响研究[D].沈阳:辽宁大学,2023.

② 朱飒.数字贸易水平对我国特制业高质量发展的影响研究[D].合肥:安徽大学,2022.

③ 黄湾.数字经济发展对中国出口贸易的影响研究[D].南昌:江西财经大学,2023.

当 X_{ij} 为正向指标时，

$$A_{ij} = \frac{X_{ij} - \min(X_j)}{\max(X_j) - \min(X_j)} + B \tag{4.2}$$

当 X_{ij} 为负向指标时，

$$A_{ij} = \frac{\max(X_j) - X_{ij}}{\max(X_j) - \min(X_j)} + B \tag{4.3}$$

第三步，比重矩阵计算：

$$P_{ij} = \frac{A_{ij}}{\sum_{j=1}^{n} A_{ij}} \tag{4.4}$$

第四步，指标信息熵值 E_j 计算：

$$E_j = -\frac{1}{\ln(n)} \sum_{j=1}^{n} P_{ij} \ln(P_{ij}) \tag{4.5}$$

第五步，指标信息熵冗余度 D_j 计算：

$$D_j = 1 - E_j \tag{4.6}$$

第六步，指标权重 W_j 计算：

$$W_j = \frac{D_j}{\sum_{j=1}^{n} D_j} \tag{4.7}$$

第七步，综合评价值 Y_i 计算：

$$Y_i = \sum_{j=1}^{n} W_j \times A_{ij} \tag{4.8}$$

Y_i 的取值范围为 $0 < Y_i < 1$，其数值大小意味着某个省份的数字经济发展水平大小，两者呈正比例关系。基于表 4-2 构建的指标体系，按照熵值法公式计算各指标权重结果如表 4-3 所示。

表 4-3 数字经济水平测度各指标权重

一级指标	二级指标	权重
数字基础设施 （0.2598）	X_1 网页数	0.1797
	X_2 长途光缆线路长度	0.0299
	X_3 互联网宽带接入端口数量	0.0502

续表

一级指标	二级指标	权重
数字经济普及程度 (0.1627)	X_4 互联网宽带接入用户	0.0523
	X_5 移动电话普及率	0.0215
	X_6 信息传输、软件和信息技术服务业就业人数	0.0889
数字技术水平 (0.3698)	X_7 技术市场交易额	0.1573
	X_8 规模以上工业企业 R&D 经费投入	0.0981
	X_9 规模以上工业企业发明专利申请数	0.1144
产业数字化 (0.2075)	X_{10} 快递业务总量	0.1851
	X_{11} 数字普惠金融指数	0.0224

数据来源:根据熵值法测算所得。

由表 4-3 可以看出,在四个主要指标中,数字技术水平权重以 0.3698 位于榜首,数字基础设施权重为 0.2598,排名第二,可见数字技术和基础设施对我国数字经济发展的重要性。

三、全国及各省份数字经济指数测算

通过熵权法可以得到各指标的权重,在此基础上,本节使用多目标线性加权函数法进行计算得出数字经济指数,计算步骤为:一是计算第 i 个地区第 g 层级的指标得分,s 为该指标层级所含指标总数。二是计算第 i 个地区的数字经济指数,n 为指标层数。

1. 全国数字经济指数

通过计算,可以得到 2011—2020 年全国数字经济指数,如图 4-1 所示。

从图 4-1 可以看出,全国数字经济指数 2011—2020 年一直呈现增长的趋势,并且 2018 年数字经济指数斜率最大,表明 2018 年增长速度最快。

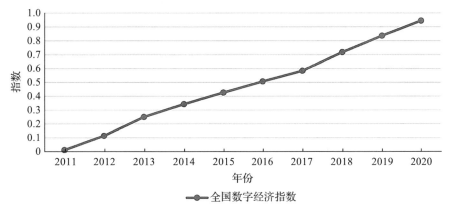

图 4-1 全国数字经济指数

2.各省份数字经济指数

通过计算,可以得到 2011—2020 年全国 30 个省份的数字经济年平均指数,如表 4-4 所示。

表 4-4 2011—2020 年 30 个省份数字经济年平均指数

省份	数字经济年平均指数	省份	数字经济年平均指数
广东	0.8179	河北	0.1430
北京	0.6758	重庆	0.1287
江苏	0.5680	江西	0.0861
浙江	0.4512	广西	0.0769
上海	0.4140	云南	0.0746
山东	0.3983	黑龙江	0.0731
福建	0.2513	山西	0.0729
四川	0.2223	海南	0.0685
辽宁	0.2104	吉林	0.0685
湖北	0.1875	贵州	0.0624
河南	0.1695	内蒙古	0.0620
天津	0.1573	新疆	0.0456
陕西	0.1559	甘肃	0.0426

续表

省份	数字经济年平均指数	省份	数字经济年平均指数
安徽	0.1510	宁夏	0.0350
湖南	0.1432	青海	0.0324

注:西藏及港澳台地区因数据缺失,因而未作计算统计。

从表 4-4 中可以看出,我国数字经济年平均指数差异较大。广东、北京、江苏、浙江、上海这几个省份的数字经济年平均指数排在前五名,其中广东省数字经济年平均指数最大,达到 0.8179,数字经济发展水平居全国首位。除北京市外,其他几个排名靠前的省份都是东部沿海地区。数字经济年平均指数较小的省份是贵州、内蒙古、新疆、甘肃、宁夏、青海,这些省份均属于西部地区。总的来看,东部沿海地区因为地理位置靠海、贸易比较方便、经济发展水平快等,对应数字经济年平均指数也相对较大,发展水平较高;中部和西部地区数字经济年平均指数较小,发展水平较低;总体上呈现出"东部高西部低"的情况,存在两极化的态势。这就是地区之间的数字鸿沟现象。在这些不发达省份,数字基础设施还未建设完善,这一缺陷使得该地区无法发展数字经济或数字经济发展缓慢,地区经济无法借助数字化快速发展,同时,这些地区与数字经济发展配套的法律、政策等相对滞后,从而抑制了当地数字经济的发展,所以出现"东强西弱"的现象。

四、浙江省数字经济发展历程及成效

2003 年,时任浙江省委书记习近平同志指出,要坚持以信息化带动工业化,以工业化促进信息化,加快建设"数字浙江",指引浙江成为全国数字经济发展的试验田和排头兵。① 20 年来,浙江坚持一张蓝图

---

① 致广大而尽精微 习近平总书记指引数字政府建设述评[J]. 中国网信,2023 (11):4-13.

绘到底,坚决贯彻落实数字中国战略布局,持续擦亮数字经济金名片,探索出一条以数字经济推动经济社会高质量发展的"浙江路径"(如图4-2所示)。

图 4-2 浙江省数字经济发展路径

浙江省数字经济发展一直处于较为活跃的状态,省内数字经济产业蓬勃发展。近年来,随着数字经济技术的快速创新和产业链的不断完善,浙江省数字经济呈现出良好的发展态势。2022年,浙江省坚持把数字经济作为建设现代化产业体系的核心动能,全面赋能经济社会高质量发展,取得显著成效。《浙江省数字经济发展白皮书(2023)》显示,2022年,浙江数字化综合发展水平位居全国前列,其中包括互联网应用、电子商务、大数据、人工智能等多个方面。

浙江数字经济持续发挥稳增长、促发展的"压舱石"和"加速器"作用,2022年,浙江全省数字经济增加值达到3.93万亿元,占GDP比重达50.6%,同比提升2个百分点,超过全国平均水平9.1个百分点,位居全国前列,数字经济核心产业规模再创历史新高,达到8977亿元。

具体的数字经济发展情况如表4-5、图4-3所示。

表 4-5 浙江省数字经济发展现状

数字经济总量方面	2022年,全省数字经济增加值达到3.93万亿元,同比增长10.1%,占GDP比重达50.6%,较去年同期提升2个百分点,超过全国平均水平9.1个百分点,位居全国前列

续表

数字经济核心产业方面	2022 年,全省数字经济核心产业规模再创历史新高,达到 8977 亿元,占 GDP 比重达 11.6%,高于全国同期平均水平 4 个百分点。2023 年 1—9 月,数字经济核心产业增加值 7361.4 亿元,增长 10.2%,占 GDP 比重达 12.4%
产业数字化方面	2022 年,全省产业数字化规模超过 3 万亿元,居全国第 4 位,占数字经济比重近八成,占 GDP 比重达 40.5%,超过全国平均水平 6.6 个百分点;三产数字经济渗透率分别为 13.0%、27.9%、47.5%,分别高于全国 2.5、3.9、2.8 个百分点

资料来源:《浙江省数字经济发展白皮书(2023)》。

图 4-3　浙江数字经济增加值及其占 GDP 的比重变化

数据来源:《浙江省数字经济发展白皮书(2023)》。

　　浙江数字经济核心产业快速增长,规模占比显著提升,引领增长作用不断凸显。2022 年,浙江数字经济核心产业增加值达到 8977 亿元,可比价增速 6.3%,对全省的贡献率达 15%,同比增速为 GDP 增速的 2 倍,占 GDP 的比重达 11.6%(如图 4-4 所示)。

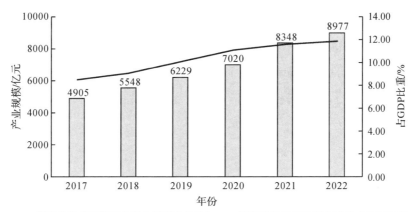

图 4-4 浙江省数字经济核心产业发展现状

数据来源:《浙江省数字经济发展白皮书(2023)》。

在数字经济时代背景下,数字技术与实体经济深度融合发展已是大势所趋。数字产业化质效不断提升,产业数字化转型进程加快,成为全球经济增长的重要引擎。如图 4-5 所示,浙江数字经济核心产业增加值增速远高于 GDP 增速,这在一定程度上也反映出浙江工业互联网的发展呈现出加速发展的态势,并且其发展速度也远高于传统产业增速,这与浙江大力推进产业数字化转型密切相关。

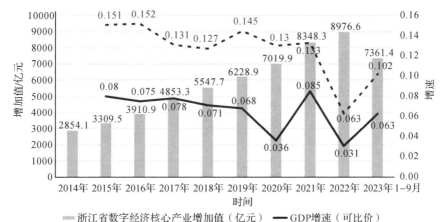

图 4-5 浙江省数字经济核心产业增加值及增速

数据来源:《浙江省数字经济发展白皮书(2023)》。

同时,丰富的数据资料也表明,浙江省内的数字经济企业数量不断增加,数字科创策源能力不断提升,创新创业氛围浓厚。截至2022年底,全省拥有数字经济领域高新技术企业10923家、科技型中小企业26760家(如图4-6所示),另有科技"小巨人"企业81家、科技领军企业29家。

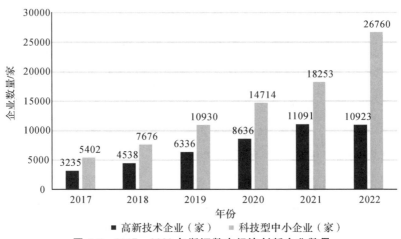

图4-6 2017—2022年浙江数字经济创新企业数量

数据来源:《浙江省数字经济发展白皮书(2023)》。

截至2022年底,浙江省数字经济领域有效发明专利11.2万件,同比增长26.1%(如图4-7所示)。布局数字经济领域省重点研发计划项目430个,带动项目总投入达90亿元。

2017—2022年,浙江规模以上数字经济核心制造业增加值保持平稳增长(如图4-8所示)。另从浙江省11.5万家"四上"企业信息化调查情况来看,2021年企业信息化投入599.6亿元,相当于企业营业收入的0.223%,比上年下降0.061个百分点。2021年数字经济核心产业人才占比为44.2%,比上年提高2.8个百分点;数字经济投资占全部固定资产投资的比例达到5.3%,比上年提高0.8个百分点。2021年,浙江省规模以上工业企业使用信息化进行购销存管理、生产制造管理和物流配送管理的普及率分别为62.3%、46.3%和16.7%,产业数字化应用程度提升较慢。制造业提质增效明显,2021年浙江

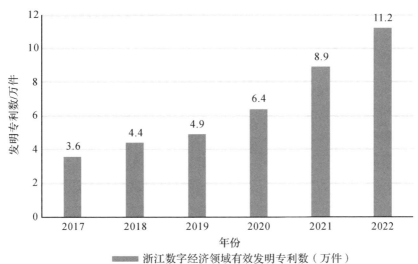

图 4-7 2017—2022 年浙江数字经济领域有效发明专利

数据来源:《浙江省数字经济发展白皮书(2023)》

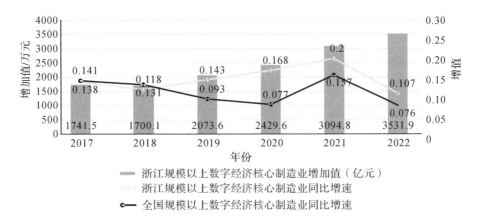

图 4-8 2017—2022 年浙江规上数字经济核心制造业发展状况

数据来源:《浙江省数字经济发展白皮书(2023)》。

省规模以上工业劳动生产率由上年的 25 万元/人提高到 26.3 万元/人。①

————————————

① 浙江省经济和信息化厅,浙江省统计局.2022 年浙江省数字经济发展综合评价报告[R].2023.

五、浙江省数字经济发展水平综合评价

浙江省经济和信息化厅数字经济小组发布的《2022 浙江省数字经济发展综合评价报告》是官方权威的统计数据来源，本书引用该报告中的数据，从另一个层面来说明浙江省数字经济发展的综合水平（如表 4-6 所示）。

表 4-6　2021 年度浙江省数字经济发展主要指标

类别	一级指标	二级指标	单位	数值
基础设施	网络基础设施	城域网出口带宽	Gbps	76389.0
		FTTH/O 宽带接入率（光纤宽带用户率）	%	91.1
		固定宽带端口平均速率	Mbps	259.8
		每平方公里拥有移动电话基站数量	个	5.9
	数字网络普及	固定互联网普及率	户/百人	47.4
		5G 套餐用户数普及率	户/百人	47.8
		付费数字电视普及率（含 IPTV）	户/百户	191.0
数字产业化	创新能力	数字经济核心产业 R&D 经费相当于营业收入比重	%	2.0
		人均拥有数字经济核心产业有效发明专利数	件/万人	13.6
		数字经济核心产业制造业新产品产值率	%	57.6
	质量效益	数字经济核心产业增加值占 GDP 的比例	%	11.4
		数字经济核心产业劳动生产率	万元/人	43.1
		数字经济核心产业制造业亩均税收	万元	21.9
产业数字化	产业数字化投入	数字经济核心产业人才占比	人	44.2
		数字经济投资占全部固定资产投资的比例	%	5.3
		信息化投入占营业收入比例	%	0.223
	产业数字化应用	企业使用信息化进行购销存管理普及率	%	62.3
		企业使用信息化进行生产制造管理普及率	%	46.3
		企业使用信息化进行物流配送管理普及率	%	16.7

续表

类别	一级指标	二级指标	单位	数值
新业态新模式	电子商务	人均电子商务销售额	元	22803.5
		网络零售额相当于社会消费品零售总额比例	%	86.4
		工业企业电子商务销售额占营业收入的比重	%	3.03
	数字金融	移动支付活跃用户普及率	%	78.6
		人均移动支付业务量	笔	242.0
政府与社会数字化	数字民生	人均移动互联网接入流量	GB	208.1
		高速公路入口ETC使用率	%	73.4
		生均教育信息化经费投入	元	1039.7
		区域医院门诊智慧结算率	%	86.4
	数字政府	人均数据共享接口调用量	次	323.7
		依申请政务服务事项"一网通办"率	%	100
		浙政钉应用水平	分	9.48

数据来源:《2022浙江省数字经济发展综合评价报告》。

从表 4-6 中的数据可以明显看出:第一,浙江省在努力建设算网融合的数字新底座,提升数字经济承载能力。浙江省锚定数字基础设施标杆省目标,推进以 5G、双千兆为代表的网络基础设施、以数据中心为代表的算力基础设施、以工业互联网等为代表的新技术基础设施建设,加快推进 5G 网络建设和融合应用,率先实现乡镇以上地区全覆盖、行政村 5G 网络"村村通",数字基础设施能力不断优化升级。第二,培育壮大数字产业集群,推动数字产业迈上新台阶。聚焦创新力与竞争力,提高数字技术基础研发能力,实施数字产业集群培育行动,打造数字安防与网络通信、集成电路、智能计算、智能光伏、高端软件等数字产业集群和"新星"产业群,数字产业能级不断提升。第三,深入推进产业数字化,打造数实融合新范式。深化数字技术与实体经济融合发展,实施制造业数字化改造行动,加大数字化改造投入,探索"产业大脑＋未来工厂"融合发展新模式,赋能制造业提质增效、促进产业升级。第四,创新场景应用,催生新业态新模式焕发活力。加快推进5G、人工智能、云计算、大数据、区块链等数字技术的新场景应用,跨境电商、直播电商、数字贸易、科技金融等新业态新模式快速增长,全球数字贸易中心和新兴金融中心建设取得积极成效。第五,全面推进数字化改革,提升数字化治理能力。以数字化手段推进全方位、系统性、重塑性变革,构建综合集成、协同高效、闭环管理的运行机制,深入推进智慧医疗、智慧交通、智慧教育、政务服务等领域的数字化应用,政府社会治理和民生服务数字化水平不断提升。

利用表4-6所示一系列指标构建基础设施维度、数字产业化维度、产业数字化维度、新业态新模式维度、政府与社会数字化维度五大指标维度体系,并对该体系进行发展水平评价赋分,对浙江11个地市数字经济发展综合水平的评价结果如表4-7所示。

表 4-7　2021 年度浙江各地市数字经济发展综合评价结果

地市	基础设施		数字产业化		产业数字化		新业态新模式		政府与社会数字化		总指数	
	得分	位次	得分	位次	得分	位次	得分	位次	得分	位次	得分	位次
杭州	102.6	1	164.5	1	132.0	1	159.6	1	110.6	1	137.2	1
宁波	95.7	3	75.7	5	89.9	6	80.8	4	105.9	2	87.5	4
温州	89.3	5	82.2	3	85.7	7	89.9	3	99.2	4	87.7	3
嘉兴	102.4	2	88.0	2	91.6	5	61.1	6	96.5	4	88.7	2
湖州	83.5	9	78.1	4	100.2	3	59.0	7	91.8	8	83.0	5
绍兴	84.0	8	72.6	6	99.2	4	52.3	9	89.0	10	79.8	6
金华	85.1	6	65.4	7	79.6	8	75.2	5	100.7	3	78.5	7
衢州	69.9	10	57.3	7	102.1	2	58.8	8	90.8	9	74.3	8
舟山	90.5	4	60.6	8	71.3	9	39.1	11	92.1	7	69.8	10
台州	84.2	7	59.9	9	70.0	10	48.6	10	96.1	6	70.0	9
丽水	59.0	11	52.2	11	65.6	11	95.8	2	84.7	11	67.3	11

数据来源:《2022浙江省数字经济发展综合评价报告》。

根据评价结果,各市数字经济发展水平总体呈现三大梯队,第一梯队分值为 100 分以上,杭州继续以 137.2 分的高分稳居榜首;第二梯队分值为 80—100 分,依次是嘉兴(88.7 分)、温州(87.7 分)、宁波(87.5 分)和湖州(83.0 分);第三梯队分值在 80 分以下,依次是绍兴(79.8 分)、金华(78.5 分)、衢州(74.3 分)、台州(70.0 分)、舟山(69.8 分)和丽水(67.3 分)。

这表明浙江省数字经济发展水平差距较大,数字经济的发展在不同城市之间的推进程度也存在差异。从高新技术发展角度看,数字化的基础建设可以促进相关产业及支持产业的发展,这些技术和产业的发展也将带动数字经济的发展。同时,数字经济的发展还可以促进各类生产要素的集成和协同,促进全产业链的协同创新,为高新技术产品的出口提供更加稳定的技术支持和产业环境。因此,浙江省各个城市在数字经济的发展中,应该加强相关产业及支持产业的发展,同时加强生产要素的集成和协同,实现全产业链的协同创新。

本章小结

本章在对数字经济的内涵进行界定的基础上,对现有研究中有关数字经济的测算方法、数字经济的核心产业统计范畴等进行了对比与梳理。在参考、比较众多学者研究成果的基础上,构建了数字经济发展水平测定的指标体系,并据此对全国及主要省份的数字经济指数进行了测算和分析。鉴于后续章节的实证研究主要针对浙江省的数据来进行,因此本章对浙江省数字经济的发展历程和发展现状也进行了分析。根据《浙江省数字经济发展白皮书(2023)》公布的数据,结合本书选题研究的核心重点,对浙江省数字经济核心产业发展现状、数字经济核心产业占比与增速、数字经济创新企业数量、有效发明专利等数据指标进行了系统梳理,并在此基础上对浙江省各地市的数字经济发展水平进行了综合评价与比较。本章的研究为后续数字经济促进女性就业的实证研究奠定了基础。

第五章　数字经济促进女性就业的动力机制

　　数字经济正以前所未有的速度深刻改变着人们的生产生活方式和就业格局。相较于传统的工业经济模式,数字经济无疑代表了一种更为先进、更加高效的经济发展范式。在这一范式下,数据已跃升为至关重要的生产要素,引领着生产关系与生产力的全面革新。数字经济不仅极大地推动了社会经济各领域的数字化转型,更为我国经济发展注入了强劲的新动能,助力我国经济实现质量与效益的双提升。同时,数字经济的蓬勃发展也对我国劳动力市场的运行结构产生了深远影响,对于女性而言,数字经济的崛起带来了前所未有的机遇,成为促进女性高质量就业的重要驱动力。它打破了传统就业模式中的诸多限制和壁垒,提供了更加灵活多样的工作方式,让女性能够更好地平衡工作与家庭的责任,为女性创造了更广阔的职业选择空间,使她们能够充分发挥自身的才能和优势,为就业市场的变革与创新提供了强大的动力。

第一节 数字经济促进女性就业
的动力机制及其展现

数字经济对劳动力市场产生了深远影响,其中新形态就业岗位的大量涌现成为显著特征。女性作为劳动力市场的重要参与者,在数字经济浪潮中不仅提升了自身竞争力,更享受到了由岗位供给增加和创新带来的性别红利。数字经济促进女性就业的动力机制主要表现在三个方面:首先,数字经济显著增强了女性在劳动力市场的竞争优势。在数字经济时代,新型岗位往往要求从业者具备创新思维、灵活适应和数字化技能,而这些特质在女性劳动力中普遍较为突出。数字经济的发展打破了时间和空间的约束,催生了大量线上工作,使得女性可以更加灵活地安排工作与生活,减少了因家庭责任而带来的就业障碍。其次,数字经济为女性开拓了就业创业的新空间。随着电商、社交媒体、在线教育等领域的蓬勃发展,女性有了更多展现自我、实现价值的平台。这些岗位往往对女性友好,且具备较高的薪资和发展空间,不仅为女性提供了丰富的就业机会,也为女性创业者提供了低门槛、高潜力的创业环境,使得女性能够在不同领域和行业中寻找适合自己的工作机会。最后,数字经济还推动了岗位质量的提升,通过优化工作流程和提高生产效率,使得女性在工作中能够更好地发挥自身优势,实现个人价值。诸多灵活就业岗位在数字经济中扮演着重要角色,它们通常具有工作时间灵活、工作地点自由、工作内容多样等特点,非常适合女性劳动力。这些岗位不仅满足了女性对工作和生活的平衡需求,也为她们提供了更多实现自我价值的机会(如图 5-1所示)。

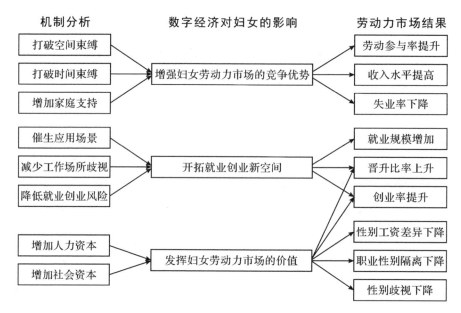

图 5-1　数字经济影响女性就业创业的动力机制及其展现

第二节　数字经济增强女性
劳动力市场的竞争优势

一、数字经济推动劳动力向第三产业转移

相较于传统的第一、二产业,第三产业在数字化转型的道路上无疑走得更远,呈现出显著的领跑态势。数据显示,2019 年服务业数字化渗透率高达 37.8%,这一数字不仅远超工业的 19.5%,更是农业的 8.2% 的数倍之多。这一趋势清晰地揭示了数字经济对第三产业就业

的深刻影响,使得第三产业在就业覆盖面和吸纳人数上均占据绝对优势。① 中国信息通信研究院 2021 年发布的一份报告为我们提供了更加详尽的数据支撑。报告指出,2020 年全年招聘的岗位中,与数字经济紧密相关的第三产业岗位占比高达 67.5%,就业岗位占比更是达到了 60.2%。这一数字不仅远远超过了第一产业的 0.1% 和第二产业的 7.1%,也从一个侧面反映出数字经济对第三产业就业市场的强劲拉动力。值得一提的是,第三产业在薪资水平上同样表现突出,达到了 8200.7 元/月,较第二产业高出 1256.7 元/月,较第一产业高出 1976 元/月。② 在第三产业内部,与生活息息相关的服务业无疑是就业需求的重中之重。这些行业不仅为人们提供了便捷的生活服务,也在数字经济浪潮中获得了新的发展动力。与此同时,第二产业中的高科技产业和高端制造领域对就业的推动作用也日益明显,这些行业的技术创新和产业升级为劳动者提供了更多的就业机会和发展空间。

然而,我们也要看到,第一产业的数字化转型之路仍然相对缓慢,提供的数字经济岗位相对较少。这既反映了第一产业在数字化转型方面面临着挑战和困难,也提示我们未来需要加大对第一产业数字化转型的支持和投入,推动其实现高质量发展。从长期来看,随着数字经济的深入发展和产业结构的持续优化,数字经济人才由第一产业向第二、第三产业流动的趋势将不可避免。这种流动不仅有利于人才资源的优化配置和高效利用,也将进一步推动各产业的数字化转型和升级发展。因此,我们需要密切关注这一趋势,加强人才培养和引进工作,为数字经济的持续健康发展提供坚实的人才保障。

---

① 中国电科:加快数字化转型 推动高质量发展[EB/OL]. (2020-12-03)[2024-01-30]. http://www. sasac. gov. cn/n4470048/n13461446/n15927611/n15927638/n16135038/c16135670/content. html.

② 中国信息通信研究院. 中国数字经济就业发展研究报告:新形态、新模式、新趋势[R]. 2021.

二、数字经济削弱了女性就业的传统物理限制

在传统的就业市场中,女性往往面临着多重挑战和限制。与男性相比,女性在工作时间、体力以及技能方面存在着较大的弱势,这些因素限制了她们在就业市场中的选择和发展。

首先,由于性别角色的社会建构,女性通常被视为家庭的主要照料者,承担着繁重的家务劳动和育儿责任。这使得她们在分配时间和精力时,往往无法像男性那样全身心地投入工作。因此,在选择职业时,女性更倾向于选择那些时间灵活、能够兼顾家庭的工作。然而,这种选择往往限制了她们在职业道路上的发展,使得她们难以进入那些需要长时间投入和高强度工作的领域。

其次,传统的工种往往对体力有较高的要求,尤其是在一些体力劳动密集型的行业中。由于生理原因,女性在体力方面相对于男性处于弱势地位,这使得她们在竞争这些职位时往往处于不利地位。尽管随着社会的发展和技术的进步,越来越多的工作开始转向脑力劳动和技术操作,但体力因素仍然在一定程度上影响着女性的就业选择和发展。此外,长期以来,"重男轻女"的传统观念也在一定程度上影响了女性在人力资本积累方面的机会。在农村地区,这种观念尤为突出,女性往往比男性获得更少的教育资源和机会。这种不平等的教育机会导致女性在技能和学历方面与男性存在较大的差距,进一步加剧了她们在就业市场中的弱势地位。然而,数字经济的出现为女性就业带来了新的机遇和可能性。数字经济以其独特的优势,打破了时间和空间对女性就业的限制。

根据人力资源和社会保障部对 2020 年灵活就业从业者的调研数据可知,在所有灵活就业的从业人员中,女性从业者约占到 32.7% 的比例。中华全国总工会公布的数据显示,2023 年我国新就业形态的从业者已达 8400 万人,其中女性从业者的比例也在逐年上升。这些

数据充分表明,数字经济为女性就业提供了更广阔的空间和更多的机会。

三、新就业形态提升了女性就业群体的优势

通过互联网技术,女性可以足不出户地完成大量的工作,这些工作不仅具有灵活性,而且能够更充分发挥女性细心、耐心和沟通能力强等优势。同时,数字技术的发展也催生了大量平台经济的出现,为女性提供了更多的就业选择。这些平台经济为女性提供了自由进出、自主安排时间的新就业形态,这些工作不仅符合女性的工作特点,而且能够带来可观的收入,使得女性在家庭和社会中都能够实现自我价值。

比如,数字内容创作领域正迅速崛起,成为数字经济中极具活力和创新性的一部分。在这个领域,女性的创意和审美优势得到了充分发挥,为她们创造了大量的就业机会。文案写作是数字内容创作的重要组成部分,女性通常具有细腻的情感、敏锐的观察力和出色的文字表达能力,能够创作出富有感染力和吸引力的文案。因此无论是广告宣传、品牌故事、社交媒体文案还是博客文章,女性的写作才华都能够为产品和服务赋予独特的魅力,吸引目标受众的关注。数字内容创作领域的发展为女性提供了广阔的发展空间和自由的创作环境。她们可以通过自由职业、成立工作室或与相关企业合作等方式,将自己的创意转化为实际的经济收益。

再如,短视频创作近年来也呈现出爆发式增长的趋势,女性在短视频创作中表现出色,她们能够通过独特的视角、精彩的剧情和精美的画面呈现,打造出受欢迎的短视频作品。从生活记录、美食分享到时尚美妆、亲子教育等各类主题,女性创作者能够准确把握观众的需求和喜好,创作出引人入胜的内容。动漫设计也是短视频创作中一个备受关注的领域,女性的审美和创意在动漫角色设计、场景绘制和故

事构思方面发挥着重要作用,她们能够创作出富有想象力和情感共鸣的动漫作品,满足不同年龄段观众的娱乐需求。

此外,数字服务行业的蓬勃发展也为女性提供了丰富多样的专业服务就业岗位,这些岗位涵盖了在线医疗、金融科技、心理咨询等多个领域。在在线医疗领域,随着远程医疗技术的不断进步,女性可以担任在线医疗顾问、健康管理师、医疗数据分析师等角色。她们凭借耐心、细致和善于沟通的特点,为患者提供优质的医疗咨询和服务。金融科技行业的兴起,使女性可以从事金融科技产品研发、风险管理、用户体验设计等工作。在金融科技产品研发中,女性的创新思维和对用户需求的敏感度有助于开发出更贴合市场需求的金融产品,而在风险管理方面,女性的谨慎和细致能够有效降低金融风险。心理咨询在数字时代也有了新的发展模式。在线心理咨询平台为女性心理咨询师提供了更广阔的服务空间。女性通常具有较强的同理心和倾听能力,能够更好地理解和帮助来访者解决心理问题,他们可以通过视频通话、在线聊天等方式,为身处不同地区的人们提供及时有效的心理支持。

第三节　数字经济开拓女性就业创业新空间

互联网技术的普及和数字化技能的提升共同构成了数字经济促进女性自主创业的重要动力机制,为女性提供了更加灵活多样的工作模式和更加广阔的职业发展空间。广大女性应充分利用技术赋能的优势,不断提升自己的就业创业竞争能力和适应能力,勇敢追求自己的职业梦想和人生价值,共同推动性别平等和社会经济的可持续发展。

一、技术赋能并拓宽女性就业创业的边界

数字经济时代,互联网与信息技术的普及,不仅打破了传统就业岗位的物理界限,为女性创造了更加灵活多样的工作机会,还极大地拓宽了女性自主创业的边界。

首先,灵活的工作模式使女性能更好地适应多样化的就业创业需求。智能手机和平板电脑等移动智能终端的普及,将工作场所延伸到了每个人的掌心之中。这些设备不仅便于携带,而且功能强大,能够满足大部分日常工作的需求。从业者可以随时随地查看邮件、参加视频会议、编辑文档,甚至进行项目管理。这种高度灵活的工作模式,使得女性能够更好地平衡家庭与工作的关系,特别是在承担育儿、照顾老人等家庭责任时,能够更加从容不迫。

其次,数字经济促进了资源共享,拓宽了就业和创业的渠道。互联网还促进了信息的共享和资源的优化配置。各种招聘网站、职业社交平台、在线教育平台等如雨后春笋般涌现,为女性提供了丰富的就业信息和学习资源。她们可以通过这些平台了解行业动态、搜索合适的工作岗位、参与专业培训,甚至与同行交流经验。这种信息的透明化和资源的共享化,为女性拓宽了就业和创业的渠道,增加了就业和创业机会。

最后,在线教育的兴起与发展,使女性获得了前所未有的学习机会。从基础的计算机操作到高级的编程技能,从数据分析到数字营销,各类在线课程应有尽有。这些课程内容丰富、形式多样,大大降低了女性学习新技能的门槛。她们可以根据自己的兴趣和职业规划,灵活选择学习内容和时间,不断提升自己的数字化技能水平,而数字化技能的提升为女性带来了更多的职业机遇,这些岗位往往具有较高的薪资水平和广阔的职业发展空间,为女性提供了实现自我价值和追求职业梦想的平台。

在中国,淘宝村和淘宝镇的崛起便是数字经济发展促进就业创业的生动例证。相关研究报告显示,截至 2020 年,全国范围内共涌现出 5425 个淘宝村和 1756 个淘宝镇。这些淘宝村和淘宝镇的网店以其灵活的经营模式和广泛的市场覆盖,实现了高达 1 万亿元的交易额。其中,活跃网店数量达到了惊人的 296 万个,它们不仅为乡村经济注入了新的活力,更创造了 828 万个就业机会。① 这些就业机会不仅为当地居民提供了增收途径,也吸引了越来越多的外来人口涌入,进一步推动了乡村地区的繁荣与发展。

二、数字经济催生了应用场景和平台

在数字经济时代,数字技术与社会领域的深度融合催生了众多应用场景和应用平台。这些数字化组织方式不仅极大地降低了女性就业创业的门槛,而且为她们开辟了新的空间,使得女性能够在职场中展现出更大的活力和潜力。

平台经济作为数字经济时代的重要产物,其在提升平台就业者和创业者的工作动力方面发挥着显著作用。首先,平台利用大数据技术实现了信息的快速匹配,使得供给和需求能够迅速对接。这种信息的高效流通不仅消除了信息不对称带来的效率低下问题,还降低了交易成本,为女性提供了更多就业机会和创业可能。其次,平台通过数字技术为就业者和创业者提供了全方位的赋能。例如,平台通过建立用户信用体系、完善交易流程、制定安全标准和服务标准等措施,提升了劳动者的工作效率。这种赋能不仅有助于女性在就业市场中获得更多机会,还能够提高她们的工作质量和竞争力。最后,平台经济还降低了用户的从业风险。平台通常采用通用性和稳定性较强的核心模

---

① 阿里研究院,淘宝村发展联盟,阿里新乡村研究中心. 1%的改变——2020 中国淘宝村研究报告[R]. 2020.

块与变异性较大的应用模块相结合的技术架构。这种架构使得从业者在利用平台进行就业和创业的过程中,能够重复使用平台提供的核心模块,从而获得规模经济效应,降低因外界环境变动带来的风险。这对于风险承受能力相对较弱的女性群体来说尤为重要,有助于她们在就业和创业过程中更加稳健地前行。在传统就业模式下,信息、资源和风险等因素往往限制了女性的从业机会。然而,在平台经济下,女性获取信息和资源的能力得到了显著提高,同时风险也得到了有效降低。这使得女性能够更加自由地选择适合自己的职业和岗位,发挥出自己的优势和特长。

电商平台作为数字经济的重要组成部分,为女性提供了丰富的自主创业和灵活就业途径。通过开设网店,女性可以以相对较低的成本进入市场,展示和销售自己的产品或服务。她们可以利用电商平台提供的便捷工具,轻松完成店铺装修、商品上架、订单处理和客户服务等一系列工作。无论是手工制品、时尚服饰、美妆护肤还是特色农产品,女性都能够在电商平台上找到自己的目标客户群体。例如,淘宝、京东等大型电商平台上涌现出了众多成功的女性创业者。她们凭借独特的产品创意、优质的客户服务和精准的市场定位,打造出了具有影响力的品牌。一些女性创业者从家庭作坊起步,逐渐发展成为拥有团队和稳定销售额的企业。电商平台还催生了网络客服、网店运营专员等就业岗位,为那些缺乏创业资金和经验的女性提供了就业机会。她们可以通过为其他网店提供服务,积累经验和资金,为未来的自主创业打下基础。

此外,共享经济平台的崛起打破了传统就业模式的束缚,为女性提供了更多兼职和灵活工作的选择。以网约车和民宿经营为例,这些平台改变了资源的配置方式和服务的提供模式,为女性创造了新的就业机会。在网约车领域,女性司机可以根据自己的时间安排和个人意愿选择接单。这对于需要照顾家庭、兼顾其他事务的女性来说具有很大的吸引力。共享经济平台为她们提供了灵活的工作时间,使她们能够在家庭责任和工作之间找到平衡。同时,网约车平台通常会提供一定的安全保障措施和培训,增加了女性从事这一工作的安全感和信心。

民宿经营也是共享经济为女性带来的一个重要就业或创业机会。女性可以将自己闲置的房屋或房间进行精心布置和管理,通过多种互联网平台接待来自世界各地的游客。这不仅为女性带来了额外的收入,还让她们能够充分发挥自己的创意和服务能力,打造出具有特色的住宿体验。共享经济平台的优势在于它们降低了创业和就业的门槛,使女性能够更轻松地利用自己的闲置资源或技能获取收益。与传统的就业模式相比,共享经济平台的工作方式更加灵活,不受固定工作时间和地点的限制,能够更好地适应女性的生活需求和节奏。

第四节 数字经济提升女性在
劳动力市场的社会价值

在数字经济的推动下,社会文化和价值观念也在逐步变化,为女性角色认知的转变和女性就业的支持与认可提供了重要的动力和保障。这一变化不仅体现了人类文明的进步,也为女性自身的发展开辟了新的道路,女性正以前所未有的姿态和力量在职场中崭露头角、实现自我价值。

一、数字经济有助于构建性别平等的社会环境

数字经济的发展使全社会日益支持和认可女性的就业和创业,对女性角色的认知正在发生前所未有的改变。

首先,政府政策的引导与支持。数字经济发展背景下,各国政府

纷纷出台一系列政策措施,旨在促进女性就业和职业发展。这些政策包括提供就业培训补贴、设立女性创业基金、优化税收优惠政策、加强劳动权益保护等,为女性享有数字经济的发展红利提供了更加公平、公正的就业环境和发展机会。政府还通过加强宣传和教育,提高社会对女性就业的认识和认可度,营造了良好的社会氛围和舆论环境。

其次,社会舆论的倡导与引导。社会舆论对于推动性别平等和女性就业具有不可忽视的作用。数字经济的飞速发展,带来社会文明的进步和人们思想观念的开放,女性在数字经济发展中的优势和潜力也进一步被开发和挖掘,越来越多的社会舆论开始倡导性别平等和尊重女性劳动价值的风气。媒体通过报道女性在职场中的成功故事和先进事迹,树立了女性职业形象的典范和榜样;公众人物和意见领袖也积极发声,呼吁社会各界关注女性就业问题,支持女性追求职业发展和实现自我价值。

再次,企业对性别多样性的重视。数字经济带来全球化的深入发展和市场竞争的加剧,企业越来越意识到性别多样性对于创新和绩效的积极影响。越来越多的企业开始重视女性员工的招聘和培养,通过制定性别平等政策、提供职业发展机会、完善福利待遇等方式,吸引和留住优秀的女性人才。这种变化不仅提升了企业的竞争力和创新能力,也为企业文化的多元化和包容性注入了新的活力。

最后,家庭观念的更新与转变。家庭观念的更新与转变也是推动女性就业的重要因素之一。数字经济带来女性经济地位和社会地位的双重提升,越来越多的家庭开始认识到女性在职场中的重要性和价值。他们开始支持女性追求职业发展,共同分担家庭责任和义务。这种家庭观念的转变不仅减轻了女性的家庭负担和心理压力,也为她们在职场中的发展提供了更加坚实的后盾和支持。

二、数字经济有助于女性追求职业成就实现自我价值

首先,数字经济实现了女性的经济独立,这是女性追求自我价值实

现的重要前提。在传统社会中,女性往往被局限于家庭领域,其经济来源主要依赖于家庭或配偶。然而,随着数字经济的发展和就业市场的多元化,女性有了更多实现经济独立的机会。她们可以通过远程工作、创业、自由职业等多种方式,获得稳定的收入来源,从而摆脱对家庭的依赖,实现经济上的自主和自由。这种经济上的独立,不仅提升了女性的社会地位和自信心,也进一步促进了她们对自我价值的认识和追求。

其次,数字经济满足了女性对职业发展的渴望。随着女性教育水平和经济能力的提升,她们对职业发展的渴望也日益增强。越来越多的女性不再满足于简单的就业需求,而是开始追求更高的职业成就和更广阔的发展空间。得益于数字经济带来的便利,她们通过不断学习、提升自我,努力在职场中脱颖而出,成为行业的佼佼者。数字经济为女性提供了更加灵活多样的就业方式和职业发展路径,也让她们能够根据自己的兴趣和能力选择合适的职业方向,并实现职业上的梦想和追求。

再次,数字经济实现了家庭与事业的平衡。在传统观念中,女性往往需要在家庭和事业之间做出选择,但现代女性却更加注重两者的平衡。她们认为,家庭是生活的港湾,事业是自我实现的舞台,两者并不矛盾。数字经济为女性提供了更加灵活的工作时间和地点,使得她们能够更好地兼顾家庭和工作。同时,社会对于女性角色认知的转变也促进了家庭观念的更新,越来越多的家庭开始支持女性追求职业发展,共同分担家庭责任,形成了新的生活方式和价值观念。

最后,数字经济提升了女性的受教育水平。教育是开启智慧之门的钥匙,也是女性角色认知转变的重要推手。随着全球范围内教育体系的不断完善和普及,越来越多的女性获得了接受高等教育的机会。教育不仅为女性提供了丰富的知识储备和专业技能,更重要的是,它帮助女性打破了传统的性别角色束缚,让她们意识到自己有能力在各个领域发光发热。这种认知上的转变,为女性在职场中的崛起奠定了坚实的基础。

本章小结

本章从增强女性劳动力市场的竞争优势、开拓女性就业和创业新空间、发挥女性在劳动力市场的价值这三个方面,详细分析阐述数字经济对女性高质量就业和创业的作用机制。数字经济通过推动劳动力向第三产业转移、削弱女性就业的传统物理限制和衍生创造女性友好型的新形态就业等,来增强广大女性在劳动力市场的竞争优势。以技术赋能并拓宽女性就业创业的边界、数字经济催生新型的应用场景和商务平台等途径开拓女性就业和创业的新空间。借助数字经济构建性别平等的社会环境、助力女性追求职业成就实现自我价值等方式,充分发挥女性在劳动力市场的个人价值和社会价值。

第六章　数字经济影响女性就业的实证分析

　　为了更全面、细致地研究数字经济对女性就业创业产生的深刻影响，本章紧密围绕第四期中国妇女社会地位调查的浙江省样本数据，构建了一套精准的概率模型。该模型不仅聚焦于数字经济对女性总体就业率的直接作用，同时更加深入地挖掘了其在女性就业创业结构方面的细微调整，以及对于不同女性群体在就业创业过程中的异质性影响。

　　首先，从数字经济对女性总体就业创业的影响的角度来看，模型显示，随着数字经济的蓬勃发展，女性的总体就业创业率得到了显著提升。数字经济以其独特的灵活性和创新性，为女性提供了更加多样化的就业选择和创业机会。例如，通过线上平台，女性可以更加便捷地参与远程工作、兼职岗位或自由职业，从而打破了传统就业模式对时间和地点的限制和要求。同时，数字经济的快速发展也催生了一系列新兴行业，如电子商务、社交媒体运营等，这些行业对女性劳动力的需求日益旺盛，进一步推动了女性就业率的提升。

　　其次，在数字经济对女性就业创业结构的影响方面，模型分析还揭示了一些有趣的变化趋势。一方面，随着数字技术的广泛应用，包括服务业、零售业等在内的传统女性主导的行业，已开始逐步进行数字化转型，这一转型使得传统的就业创业结构发生了深刻变化。另一方面，数字经济也催生了一些新兴的女性友好型职业，如网络主播、内容创作者等,这些职业不仅为女性提供了更多的就业选择,也促进了女性在就业领域的多元化发展。

最后,在数字经济对女性就业创业的异质性影响方面,通过模型的深入分析,我们发现不同年龄段、不同受教育水平、不同技能背景的女性在数字经济中的就业创业转变呈现出显著的差异性特点。相对年轻、受过良好教育且具备数字技能的女性更容易在数字经济中找到适合自己的工作机会,也更容易在创业过程中取得成功。而相对年长、受教育水平较低或缺乏数字技能的女性则可能面临更多的挑战和困难。这种异质性影响既体现了数字经济对不同女性群体的差异化需求,也提醒我们在推动女性就业创业的过程中,需要更加关注不同群体的需求和特点,制定更具针对性的政策和措施。

第一节　数字经济对女性就业创业的影响效应分析

一、实证分析数据来源

本章实证研究所采用的数据,主要来自两个方面。其中,女性就业创业数据、女性个体微观特征等数据均来自第四期中国妇女社会地位调查的浙江省样本数据;表征地区数字经济水平的变量数据取自《浙江省数字经济发展综合评价办法(试行)》对 2020 年度全省 11 个设区市开展的数字经济发展综合评价结果。该评价指标是浙江省经济和信息化厅、浙江省统计局对全省地级市的数字经济从基础设施、数字产业化、产业数字化、新业态新模式及政府与社会数字化等五个方面进行的综合评估,能够比较客观全面地反映浙江省区域数字经济的发展水平。本章分别用这些指标以及综合指数作为模型中测量数字经济的变量,这样更容易识别数字经济促进女性就业创业的具体路径。

二、变量模型及实证结果

为了更加深入、更加客观地探讨数字经济对女性就业的影响,本章尝试构建实证分析模型,以全面评估数字经济对女性就业的影响。通过参考借鉴国内外相关研究文献,收集分析数字经济发展和女性就业创业的相关数据①,本章将筛选变量、构建模型,实证分析探讨数字经济发展对女性就业创业总量、就业创业技能结构的交互影响,以及对年龄及城乡的异质性影响等。通过构建模型的实证分析,不仅能够帮助我们揭示数字经济与女性就业之间的内在关联,还能为政策制定者提供有价值的参考,以促进性别平等的就业发展。能帮助政府和相关企事业单位更好地理解数字经济的性别效应,从而制定更加平等和包容的就业政策,提供更加和谐的就业环境。

$$\Pr(J = 1) = \Phi(\alpha + \beta_1 D_{ij} + \beta_2 D_{ij}^2 + \sum_{h=1}^{n} \gamma_{hi} X_{hi} + \sum_{m=1}^{k} \eta_m \varphi_m) \quad \text{I}$$

模型 I 为 Probit 模型,被解释变量为就业情况,$J = 1$ 表示就业创业,$J = 0$ 表示未就业创业;D_j 为核心解释变量,表示浙江省内 j 地区的数字经济水平,用浙江省发布的各地市数字经济指数表示;D_j^2 为核心解释变量的平方项;$\sum_{h=1}^{n} \gamma_{hi} X_{hi}$ 为个体 i 的 n 个微观个体特征控制变量;$\sum_{m=1}^{k} \eta_m \varphi_m$ 为 j 地区的 k 个宏观因素控制变量。表 6-1 是模型检验结果。

---

① 吴琼,金致远,段蓉.数字经济与妇女就业研究报告——基于第四期中国妇女地位调查浙江数据的研究[R].2023.

表 6-1　女性就业创业概率模型检验结果

变量	就业			创业		
	（1）	（2）	（3）	（4）	（5）	（6）
基础设施	0.0716*			0.0732*		
	[0.0323]			[0.0366]		
基础设施平方	−0.00040*			−0.0005*		
	[0.0002]			[0.0002]		
政府与社会数字化		0.333**			0.442**	
		[0.1126]			[0.1381]	
政府与社会数字化平方		−0.0017**			−0.0023**	
		[0.0006]			[0.0007]	
新业态新模式			−0.00771			0.0172**
			[0.0057]			[0.0065]
新业态新模式平方			0.0000247			−0.00009**
			[0.0000]			[0.0000]
年龄	−0.0218***	−0.0207***	−0.0206***	0.00682	0.00721	0.00587
	[0.0038]	[0.0038]	[0.0036]	[0.0041]	[0.0042]	[0.0044]
受教育程度	0.0535*	0.0660**	0.0579*	−0.126***	−0.116***	−0.129***
	[0.0241]	[0.0247]	[0.0250]	[0.0265]	[0.0269]	[0.0279]
职业培训	0.725***	0.728***	0.725***	−0.159	−0.157	−0.15
	[0.1011]	[0.1018]	[0.1006]	[0.1005]	[0.1005]	[0.1001]
家庭收入水平	−0.200***	−0.201***	−0.198***	−0.0679*	−0.0648*	−0.0623*
	[0.0239]	[0.0239]	[0.0221]	[0.0321]	[0.0324]	[0.0284]
是否上网	−0.0578	−0.0618	−0.0317	0.161	0.129	0.119
	[0.0884]	[0.0882]	[0.0863]	[0.1022]	[0.1020]	[0.1012]
观测值	1782	1782	1782	1453	1453	1453
pseudo R^2	0.1302	0.132	0.1314	0.0512	0.0487	0.0476

注：*表示 $p < 0.05$，**表示 $p < 0.01$，***表示 $p < 0.001$。

根据表 6-1 的模型检验结果可知，在女性就业模型中，基础设施、政府与社会数字化水平对女性就业有显著促进作用，即数字化基础水平高的地区女性就业水平较高；受教育程度、职业培训、是否上网等指标所表征的数字产业化和产业数字化水平对女性就业无显著影响。在各个维度下,女性就业水平与年龄呈显著负相关,与受教育程度呈显著正相关,即18—64岁年龄阶段,即便处在同样的数字经济发展阶段,年龄越大,就业水平越低,受教育程度越低,就业水平越低。此外,女性的就业水平与家庭收入水平也显著相关,在保持其他因素不变的情况下,家庭的整体收入水平越高,女性的就业水平就越低,即富裕的家庭女性的平均就业水平较低。

而在女性创业模型中,地区的信息化基础设施建设程度、政府与社会数字化水平以及新业态新模式的拓展程度都对女性创业有显著的正向影响;数字产业化和产业数字化水平对女性创业无显著影响。在各个维度的整体视角下,当控制其他因素不变时,女性创业水平与女性受教育程度呈显著负相关,即受教育程度高的女性,创业水平则较低;女性的创业水平与家庭收入水平显著负相关,即富裕家庭女性的平均创业水平也较低。

综上可知,女性就业创业在数字经济发展方面主要是享受了地区信息化基础设施的完善、政府与社会整个数字化水平的提高以及新业态新模式的产生等方面的红利。进一步究其原因,可能是数字产业化和产业数字化涉及更多高端产业,如软件服务业、金融服务业以及高端制造业等,这些高端产业对信息技术开发能力、工程设计能力等要求更高,在这方面女性的平均就业能力确实较弱。但从另一个层面来说,一个地区经济社会数字化水平的提高会促使这个地区居民生活全方位的数字化转型,如在线购物、在线订餐、在线家政以及在线出行等,这些需求会催生数量繁多的新的就业岗位,能满足众多女性因客观原因而产生的对灵活工作时间的就业需求。另外,新业态新模式的产生使得女性创业机会也日益丰富,如电子商务、在线直播、在线教育、远程医疗等,这些由数字经济的快速发展带来的新的创业机会可以覆盖各类群体,从而促使女性整体创业水平的提高。

模型检验的另一重要结论是,女性的受教育程度与就业水平呈显著正相关,与创业水平呈显著负相关。这一结果可能是因为女性的受教育程度越高,职业可选范围就越广,高学历的女性可以与男性一样享受到产业数字化和数字产业化带来的就业机会,而低学历女性只能在岗位技能要求较低的就业职位里进行选择。女性受教育程度与创业水平负相关,说明数字经济为女性提供的创业机会更多集中在利用各类在线平台方面,女性只需要掌握较少的技能便能开展创业,如开网店、抖音带货等,新业态新模式为众多低学历、低技能的女性提供了丰富的创业机会,而高学历的女性掌握着较高的岗位技能,可以从事技能要求较高的职业,从而获取更高的薪酬,所以可能并不需要去利用数字经济带来的在线平台等进行创业;而高端创业技能要求高、风险大、成功率低,高技能女性也较少参与,从而导致受教育程度高的女性创业水平低,而受教育程度低的女性创业水平高。

第二节 数字经济发展与女性就业创业技能结构的交互效应研究

本书把技能结构划分为三个等级:大学专科及以上为高技能等级,初中、高中以及中专/中技/职业高中为中技能等级,初中及以下为低技能等级。在基础模型构建中,高、中、低技能变量分别用 H、M、L 表示,同时加入数字经济和技能结构变量的交叉项,以此来分析数字经济发展与女性就业技能结构的交互影响。基于此,构建模型 II 用来分析数字经济与女性就业创业技能结构的交互效应,对模型变量含义的解释同前文所述。

$$\Pr(J = 1) = \Phi(\alpha + \beta_1 D_{ij} + \beta_2 D_{ij} \times H + \beta_3 D_{ij} \times M + \beta_4 D_{ij} \times L + \sum_{n=1}^{n} \gamma_{hi} X_{hi} + \sum_{m=1}^{k} \eta_m \varphi_m) \qquad \text{II}$$

一、数字经济发展与女性就业技能结构的交互效应分析

从数字经济发展与女性就业技能结构的交互效应检验结果来看，一个地区的基础设施水平、政府与社会的数字化水平与女性就业技能结构没有显著交互效应，即女性就业技能结构的高低不会影响她们从公共服务的数字化发展中获取数字红利。而数字产业化、产业数字化、新业态新模式以及整体数字经济的发展水平与女性中低就业技能结构具有显著的负向交互效应，与女性高就业技能结构具有正向交互效应，但并不显著。模型检验结果如表 6-2 所示。

表 6-2　数字经济与女性就业技能结构的交互效应检验结果

变量	就业					
	(1)	(2)	(3)	(4)	(5)	(6)
基础设施× 高技能	0.00027 [0.001]					
基础设施× 中技能	−0.0031 [0.002]					
基础设施× 低技能	−0.0013 [0.003]					
社会数字 化×高技能		0.00022 [0.001]				
社会数字 化×中技能		−0.0033 [0.002]				
社会数字 化×低技能		−0.0018 [0.003]				
产业数字 化×高技能			0.000133 [0.0003]			
产业数字 化×中技能			−0.0059*** [0.0017]			

续表

变量	就业					
	(1)	(2)	(3)	(4)	(5)	(6)
产业数字化×低技能			−0.00579*			
			[0.0026]			
数字产业化×高技能				0.000165		
				[0.0003]		
数字产业化×中技能				−0.0059***		
				[0.0014]		
数字产业化×低技能				−0.00613**		
				[0.0021]		
新业态×高技能					0.000161	
					[0.0003]	
新业态×中技能					−0.0065***	
					[0.0014]	
新业态×低技能					−0.0074***	
					[0.0021]	
综合指数×高技能						0.000157
						[0.0003]
综合指数×中技能						−0.0062***
						[0.0017]
综合指数×低技能						−0.00626*
						[0.0025]
控制变量	有	有	有	有	有	有
观测值	1782	1782	1782	1782	1782	1782
pseudo R^2	0.1351	0.1369	0.137	0.1386	0.1409	0.1372

注：* 表示 $p<0.05$，** 表示 $p<0.01$，*** 表示 $p<0.001$。

从女性就业的角度来看，公共服务数字化水平的提升确实展现出了其普惠性的特质，对所有层次技能结构的女性就业都产生了一定的促进作用。这种促进作用主要源于数字化服务的广泛覆盖度和高效便捷性，它打破了传统就业模式中的空间和时间限制，为女性提供了更加多元化、更具灵活性的就业选择。无论是在城市还是在农村,无论是高学历的女性还是低学历的女性,都可以通过数字化平台来寻找新工作、学习新技能,并进一步拓展职业发展空间。

然而,尽管公共服务数字化水平的提升给所有女性都带来了就业上的机遇,我们也必须注意到,在数字经济的发展过程中,不同就业技能结构的女性所获得的机会并不均衡。总体来讲,高就业技能结构的女性更容易在数字经济的发展中获取到就业机会,而中低就业技能结构的女性则可能面临更多的挑战和困难。这一现象的产生,主要源于产业数字化、数字产业化以及新业态新模式等新兴事物的快速发展。随着数字技术的深入应用,越来越多的传统行业开始实现数字化转型,催生了大量新的高就业技能岗位。这些岗位往往要求从业者具备较高的数字技能、创新能力和适应能力,因此,那些拥有较高学历、较强专业技能和丰富工作经验的女性更容易在这些领域找到适合自己的工作。

与此同时,数字经济的发展也带来了一些负面影响。随着数字化进程的加速,一些传统行业开始被淘汰或转型,导致大批低就业技能岗位的消失。这些岗位往往是那些只具备中低就业技能结构的女性所依赖的就业渠道,因此,在数字经济的冲击下,她们更容易失去原来的工作,从而面临失业的风险。

此外,值得注意的是,数字经济的异质性特征也加剧了不同就业技能结构女性在职业发展上的差距。数字经济不仅包括传统的互联网、电子商务等领域,还涵盖以人工智能、大数据、云计算等尖端前沿技术为典型特征的新兴领域。这些新兴领域对从业者的技能要求更高,因此,那些能够紧跟时代步伐、不断学习新技能的女性更容易在这些领域获得成功。相对来说,那些缺乏数字技能或学习能力的女性则可能面临被边缘化的风险。

二、数字经济发展与女性创业技能结构的交互效应分析

从数字经济发展的各个维度与女性创业技能结构的交互效应来看,两者不存在显著的交互效应。更让人担忧的是,除了新业态、新模式以外,基础设施、政府与社会数字化水平、产业数字化、数字产业化以及数字经济的整体发展水平与女性高创业技能结构均具有显著的负向交互效应。模型检验结果如表 6-3 所示。

表 6-3 数字经济与女性创业技能结构的交互效应检验结果

变量	创业					
	(1)	(2)	(3)	(4)	(5)	(6)
基础设施×高技能	−0.00094**					
	[0.0004]					
基础设施×中技能	0.000252					
	[0.0024]					
基础设施×低技能	−0.00275					
	[0.0035]					
社会数字化×高技能		−0.00075*				
		[0.0003]				
社会数字化×中技能		0.00113				
		[0.0022]				
社会数字化×低技能		−0.00125				
		[0.0033]				
产业数字化×高技能			−0.00077*			
			[0.0004]			
产业数字化×中技能			−0.00016			
			[0.0021]			
产业数字化×低技能			−0.00357			
			[0.0031]			

续表

变量	创业					
	(1)	(2)	(3)	(4)	(5)	(6)
数字产业化×高技能				−0.00076*		
				[0.0004]		
数字产业化×中技能				−0.000082		
				[0.0016]		
数字产业化×低技能				−0.00326		
				[0.0024]		
新业态×高技能					−0.00068	
					[0.0004]	
新业态×中技能					0.000243	
					[0.0016]	
新业态×低技能					−0.00281	
					[0.0024]	
综合指数×高技能						−0.00082*
						[0.0004]
综合指数×中技能						−0.000178
						[0.0021]
综合指数×低技能						−0.00354
						[0.0030]
控制变量	有	有	有	有	有	有
观测值	1453	1453	1453	1453	1453	1453
pseudo R^2	0.0596	0.0563	0.0567	0.0548	0.054	0.0546

注:*表示 $p < 0.05$,**表示 $p < 0.01$,***表示 $p < 0.001$。

综上可知,从女性创业的角度来看,数字经济与女性创业高技能结构之间存在着一种显著的负向交互效应。这一现象的出现,说明其背后有多重因素在相互作用,值得我们深入探究。随着数字经济的迅速崛起,其发展速度逐步加快,发展水平日益提高,这为市场提供了更多更具吸引力的岗位,尤其是对于那些具备高创业技能结构的女性而言。这些新兴岗位往往具有更高的薪资水平和更广阔的发展前景,因此,高创业技能结构的女性更容易在这些领域找到适合自己的高薪职位。这些职位不仅满足了她们对职业发展的追求,也为她们提供了更为可观而稳定的经济收入,使得她们在就业市场上具有更强的竞争力。

然而,与此同时,我们也必须注意到,现阶段数字经济为女性提供的创业机会主要集中在一些相对低水平、低层次的领域,如网店、直播等。这些创业形式虽然门槛相对较低、更易于上手,但往往缺乏足够的创新性和技术含量,难以吸引那些具备高创业技能结构的女性。对于这部分女性来说,她们更倾向于选择那些能够充分发挥自身专业技能和储备知识的创业项目,而不是仅仅停留在低层次的创业形式上。因此,这就产生了一种矛盾。一方面,数字经济为高就业技能结构的女性提供了更多的高薪就业机会;另一方面,现有的数字经济发展所带来的创业机会却难以吸引她们。这种负向交互效应使得高技能结构的女性在面临就业和创业选择时,更倾向于选择稳定的高薪职位,而不是蕴藏很大风险的创业尝试。

此外,我们还需要考虑到其他可能的因素。例如,创业本身就需要具备一定的风险承受能力和创新精神,这对于许多女性来说可能是一个挑战。尤其是在数字经济领域,创业环境日新月异,竞争异常激烈,这对于缺乏相关经验和资源的女性来说更是难上加难。因此,即使数字经济为女性提供了一定的创业机会,但由于这些机会往往伴随着较高的风险和不确定性,使得许多高创业技能结构的女性望而却步。

第三节　数字经济的发展对就业
创业的异质性影响研究

本节主要研究数字经济的发展对女性就业创业的年龄异质性和城乡异质性效应。根据年龄和城乡分别划分样本,利用前文所述的基础模型Ⅰ,对分组后的数据样本进行实证研究。

一、数字经济发展对女性就业的年龄异质性影响分析

通过前面的研究可知,一个地区的基础设施、政府与社会数字化水平对女性的就业有显著影响,接下来考察这两个变量的年龄异质性影响。把女性样本按照年龄进行分组,18—44 岁为青年组,45—64 岁为中老年组,实证研究发现,基础设施、政府与社会的数字化水平对不同年龄阶段的影响存在明显差异。表 6-4 是数字经济发展对女性就业的年龄异质性模型检验结果。

表 6-4　数字经济发展对女性就业的年龄异质性检验结果

变量	就业			
	青年组样本		中老年组样本	
	(1)	(2)	(3)	(4)
基础设施	−0.0207		0.121**	
	[0.0514]		[0.0437]	
基础设施的平方项	0.000179		−0.000715**	
	[0.0003]		[0.0003]	
政府与社会数字化		0.063		0.482**
		[0.1868]		[0.1499]

续表

变量	就业			
	青年组样本		中老年组样本	
	（1）	（2）	（3）	（4）
政府与社会数字化的平方项		−0.000282		−0.00251***
		[0.0009]		[0.0008]
年龄	0.0448***	0.0450***	−0.0771***	−0.0768***
	[0.0087]	[0.0087]	[0.0089]	[0.0088]
受教育程度	0.114**	0.120**	0.0183	0.0395
	[0.0365]	[0.0371]	[0.0379]	[0.0388]
职业培训	0.770***	0.758***	0.532***	0.529**
	[0.1474]	[0.1468]	[0.1602]	[0.1614]
家庭经济水平	−0.247***	−0.246***	−0.0874**	−0.0889**
	[0.0344]	[0.0341]	[0.0318]	[0.0320]
是否上网	0.303	0.316	−0.266**	−0.282**
	[0.2487]	[0.2462]	[0.1002]	[0.1004]
Pseudo R^2 样本量	839	839	943	943
	0.215	0.212	0.100	0.107

注：* 表示 $p<0.05$，** 表示 $p<0.01$，*** 表示 $p<0.001$。

由上述模型分析可知，在青年组样本中，两个变量回归系数并不显著，但是年龄变量的系数却显著为正，而在中老年组样本中，两个变量的回归系数都显著为正，年龄变量的系数却显著为负。这个回归结果说明基础设施、政府与社会数字化水平的提高并不显著提升青年女性群体的就业水平，却能显著提升中老年女性群体的就业水平。对这个回归结果的合理解释是：一个地区基础设施、政府与社会化数字水平的提升，可以提高该地区日常生活服务的数字化水平，从而催生出一大批技能要求不高、时间相对灵活的就业岗位，这正好满足了中老年女性群体的求职需求。同时，对于中老年女性群体而言，随着年龄的增大，体力精力会日渐不足，这必然会直接影响到就业率，所以该群体样本回归中年龄的系数为负。但青年女性群体由于普遍受教育程度较高,这一类技能要求不高的岗位显然对其没有足够的吸引力,而且对于青年女性群体来说,随着年龄的增加,她们的岗位技能会越来越熟练,就业的竞争能力也会更强,所以年龄的回归系数显示为正。

进一步分析实证模型,可以发现控制变量的系数也显著不同。职业培训和家庭经济水平在两个模型中的系数都很显著,但系数大小有差异;受教育程度显著影响青年女性群体的就业,但对中老年女性群体则无显著影响,这显然还是因为中老年女性群体从事的是低技能工作,与受教育程度关联不大,而青年女性群体平均受教育程度较高,从事的是较高技能的工作。这两个样本的异质性进一步说明,女性更多地享受了数字经济发展带来的低技能就业机会。

二、数字经济发展对女性创业的年龄异质性影响分析

在对女性创业的影响方面,基础设施、政府与社会数字化水平和新业态新模式在女性整体样本中对女性创业有显著影响。在分样本回归中,新业态新模式对青年女性的创业水平有显著促进作用,并且受教育程度变量的系数为负,说明相对于高学历青年女性,新业态新模式带来的创业机会对较低学历的青年女性的影响更明显,这就证明数字经济发展带来的这些创业机会有一定门槛,但门槛可能并不高。而中老年组中新业态新模式的系数并不显著,但是政府与社会数字化的系数显著为正,这说明数字经济发展促进中老年女性创业和青年女性创业的路径有所不同,数字经济发展主要通过创造出新的经济机会降低了创业门槛,促进青年女性创业,比如电商、直播等;而对中老年女性创业的促进可能主要是通过社会整体数字化水平的提升而提供的社会支持,如政府部门的"最多跑一次"改革,大大降低了创业手续的烦琐程度。中老年组的受教育程度变量的系数并不显著,进一步说明中老年组的创业和新经济关联不大,主要还是享受了社会整体数字化水平的提升带来的普惠红利。表 6-5 是数字经

济发展对女性创业的年龄异质性检验结果。

表 6-5　数字经济发展对女性创业的年龄异质性检验结果

变量	创业					
	青年女性样本			中老年女性样本		
	(1)	(2)	(3)	(4)	(5)	(6)
基础设施×高技能	0.0736			0.0645		
	[0.0555]			[0.0505]		
基础设施的平方项	−0.00049			−0.00047		
	[0.0003]			[0.0003]		
社会数字化		0.186			0.645***	
		[0.2021]			[0.1920]	
社会数字化的平方项		−0.00096			−0.0033***	
		[0.0010]			[0.0010]	
新业态新模式			0.0205*			0.0157
			[0.0096]			[0.0088]
新业态新模式的平方项			−0.0001*			−0.0001*
			[0.0000]			[0.0000]
年龄	0.0247**	0.0242**	0.0244**	−0.0048	−0.00443	−0.00818
	[0.0086]	[0.0086]	[0.0086]	[0.0099]	[0.0101]	[0.0100]
受教育程度	−0.149***	−0.149***	−0.152***	−0.0744	−0.0513	−0.0736
	[0.0349]	[0.0359]	[0.0355]	[0.0417]	[0.0427]	[0.0422]
其他控制变量	有	有	有	有	有	有
样本量	708	708	708	745	745	745
Pseudo R^2	0.0779	0.0722	0.0774	0.0218	0.0245	0.0167

注：*表示 $p<0.05$，**表示 $p<0.01$，***表示 $p<0.001$。

由表 6-3 与表 6-5 还可看出，基础设施变量在所有女性样本中对创业的效应都是显著的，但在青年女性样本和中老年女性样本中对创业的效应都不显著。基础设施的水平本身也是社会数字化水平的体现，在分样本回归中结果不显著可能是样本拆分后个案数量减少影响到了模型的估计精度。

三、数字经济发展对女性就业创业的城乡异质性影响分析

本部分把女性样本群体划分为城镇女性样本和农村女性样本,以此来研究数字经济发展对女性就业创业的城乡异质性影响。表 6-6 是数字经济发展对城镇女性就业创业的效应检验结果。由表中回归结果可以看出,产业数字化、数字产业化和数字经济整体水平都显著促进了城镇女性的就业,但对女性创业的推动作用却并不显著。

表 6-6　数字经济发展对城镇女性就业创业的效应检验结果

变量	城镇女性群体					
	就业			创业		
	(1)	(2)	(3)	(4)	(5)	(6)
产业数字化	0.0489*			0.00477		
	[0.024]			[0.0246]		
产业数字化的平方项	−0.0002*			−0.000054		
	[0.000]			[0.0001]		
数字产业化		0.0345**			0.0015	
		[0.013]			[0.0135]	
数字产业化的平方		−0.00016**			−0.000021	
		[0.000]			[0.0001]	
数字经济综合			0.0624*			0.00476
			[0.026]			[0.0278]
数字经济综合的平方项			−0.00029*			−0.000048
			[0.000]			[0.0001]
控制变量	有	有	有	有	有	有
样本量	882	882	882	797	797	797
Pseudo R^2	0.231	0.233	0.232	0.0445	0.0438	0.0438

注:* 表示 $p < 0.05$,** 表示 $p < 0.01$,*** 表示 $p < 0.001$。

而在农村女性群体中,基础设施的完善对女性就业有显著促进作

用,社会数字化水平和新业态新模式对女性创业促进作用显著,其他数字化发展水平变量对女性就业创业的影响均不显著。具体可见表 6-7 数字经济发展对农村女性就业创业的效应检验结果。

表 6-7　数字经济发展对农村女性就业创业的效应检验结果

因变量 自变量	农村女性群体					
	就业			创业		
	(1)	(2)	(3)	(4)	(5)	(6)
基础设施	0.136*			0.0466		
	[0.058]			[0.0721]		
基础设施的平方项	−0.00078*			−0.000378		
	[0.000]			[0.0004]		
社会数字化		0.257			0.831**	
		[0.182]			[0.2542]	
社会数字化的平方项		−0.00135			−0.00418**	
		[0.001]			[0.0013]	
新业态新模式			−0.0132			0.0205*
			[0.008]			[0.0096]
新业态新模式的平方项			0.0000457			−0.00011*
			[0.000]			[0.0000]
控制变量	有	有	有	有	有	有
样本量	900	900	900	656	656	656
Pseudo R^2	0.08	0.08	0.083	0.0567	0.0598	0.0506

注:*表示 $p<0.05$,**表示 $p<0.01$,***表示 $p<0.001$。

综合两个子样本的数据可以发现,数字经济发展对女性就业创业的城乡异质性效应非常明显,城镇数字经济的发展促进了产业数字化和数字产业化,产业的发展提供了大量的高技能岗位,从而吸引了大批具备高技能的女性就业。农村的数字经济发展则主要体现在新业态新模式方面,农村当地产业发展和区域特色,为女性提供了大量的创业机会,如开设销售当地特色农产品的网店、创办农家乐并在线推广、经营乡村特色民宿等。

第四节　数字经济影响女性就业
创业实证研究的主要结论

通过对数字经济影响女性就业创业的深入实证分析,我们不难发现,这一新兴经济形态为女性就业创业带来了前所未有的机遇与挑战。数字经济打破了传统就业创业的时空限制,为女性提供了更为灵活和多样的职业选择,尤其在远程办公、电子商务和在线服务等领域,女性的参与度显著上升。同时,数字经济还通过技术创新降低了创业的门槛,为女性创业者提供了更多的发展空间和机会选择。当然,不可否认,数字经济的发展也给女性就业创业带来了一定的压力和挑战。例如,数字化技能要求的提高使得部分女性面临技能更新和转型的难题,进而在就业市场中处于不利地位。此外,数字经济也可能加剧职业性别隔离现象,一些传统的男性主导领域在数字化转型过程中可能更加排斥女性参与。

一、基础设施的完善、政府与社会数字化水平的提升
显著提高了女性的劳动参与水平

基础设施的完善、政府与社会数字化水平的提高,对女性的整体劳动参与水平具有显著的促进效应,而且这种促进效应还是普惠性的,能够惠及广大女性群体。基础设施的完善和社会公共服务的数字化作为数字经济发展的基石,为女性提供了更广阔的就业空间和发展机遇。

首先,基础设施的完善为女性参与劳动市场奠定了坚实的基础。随着信息化技术的快速发展,网络覆盖范围不断扩大,信息传输速度

大幅提升,使得女性能够更方便快捷地获取就业信息、参与远程工作以及接受在线培训。这种便捷的信息化环境为女性提供了更多选择,使她们能够灵活处理工作和家庭之间的关系,提高了女性的劳动参与率。

其次,社会公共服务数字化水平的提高进一步推动了女性劳动参与率的提升。数字化服务体系的完善,使得公共服务更加便捷高效,为女性提供了更好的就业服务和保障。例如,数字化就业服务平台可以实时发布岗位信息,帮助女性快速找到合适的工作;数字化社会保障系统可以简化申请流程,提高办事效率,为女性提供更加及时有效的就业保障。

最后,基础设施的完善和公共服务的数字化还有助于促进数字技术与实体经济的深度融合,推动全社会产业结构的优化升级,从而能够创造出更多适合女性的就业岗位。随着数字经济的不断发展,越来越多的行业开始实现数字化转型,这为女性提供了更多适合其特点和优势的工作机会。例如,电子商务、在线教育、远程医疗等领域的飞速发展,为女性提供了更加灵活多样的就业方式。数字化技术还为女性创业提供了有力支持,通过数字化平台,女性可以更加便捷地获取创业信息、创业资源和专业指导,从而降低创业门槛和风险。此外,数字化技术还能够提升创业项目的创新性和市场竞争力,帮助女性在创业道路上取得更好的成绩。

当然,尽管基础设施的完善、政府与社会数字化水平提高为女性参与劳动带来了显著促进效应,但仍存在一些挑战和问题需要解决。例如,数字鸿沟问题可能导致部分女性无法充分享受数字化红利,同时一些传统行业和岗位也可能因数字化转型而面临新的更大的挑战和变革。因此,我们在推动基础设施完善和数字化水平提高的同时,需要重点关注并着力解决这些问题和挑战,确保女性能够平等地享受数字经济发展所带来的机遇和红利。

二、新业态新模式的发展显著促进了女性的新形态创业

数字经济的发展不断催生出诸如电商、直播等新业态新模式,这也显著降低了创业的门槛,为广大女性提供了前所未有的创业新机遇。这类新形态创业不需要大量的启动资金和专业技能,而且工作时间和工作地点也灵活可变,非常适合女性群体的工作特点和需求。可以说,在数字经济时代,电商已经发展成为特别适合女性的新型的重要创业领域。通过电商平台,女性创业者可以轻松开设网店,销售各种商品。相较于传统的实体店创业,这类电商创业无须承担高昂的租金和装修费用,大大降低了创业者的经济压力。同时,电商平台提供了丰富的营销工具和数据分析功能,帮助女性创业者更好地了解市场需求和消费者行为,从而显著提高销售效率和盈利能力。

此外,直播作为数字经济时代的一种新型创业方式,更能发挥女性的优势和潜能,为广大女性提供了更多的机会。因为直播具有实时互动、内容多样化的特点,非常适合女性展示自己的才艺、分享生活的经验和推广产品。通过直播,女性创业者可以与观众建立紧密的联系,积累粉丝和口碑,进而实现商业价值。而直播创业的门槛相对较低,只需要一部手机和网络连接,就可以开始自己的创业之旅。可见,这些新业态新模式不仅降低了创业门槛,还赋予了女性创业者更多的自主权和灵活性。女性创业者可以根据自己的兴趣爱好和专业特长选择合适的创业方向,可自由安排工作时间和地点,以便实现工作与家庭的平衡。这种灵活性使得更多女性能够参与到新形态创业中来,充分发挥自己的潜能和创造力。

虽然新业态新模式为女性创业提供了更多新的机遇,但也带来了一些挑战和问题。例如,由此带来的市场竞争的加剧,需要女性创业者具备更加敏锐的市场洞察力和持续的创新能力,而网络安全和隐私保护等问题也同样需要引起足够的重视。因此,女性在创业过程中需

要不断提升自己的综合素质和应对风险的能力。为了更好地推动女性在新业态新模式中的创业发展,政府和社会各界应该给予女性更多的支持和帮助。政府应及时出台相关政策,鼓励和支持女性创业,提供形式多样同时又有针对性的各类创业培训、资金扶持和税收优惠等支持措施。同时,社会各界也可以积极参与女性创业服务,提供创业指导、市场推广和资源共享等方面的帮助。此外,加强数字经济相关技能的培训和教育也是至关重要和非常急需的,培训内容可以包括电商平台操作、直播技巧、数据分析等方面,以多种方式帮助女性创业者掌握创业所需的基本技能和知识。通过培训和教育,可以帮助女性创业者提升数字素养和创业能力,以便更好地适应数字经济时代的发展需求。

三、产业数字化、数字产业化与技能结构对女性就业创业存在着不同的交互效应

产业数字化、数字产业化与高技能结构对女性创业存在着显著的负向交互效应。产业数字化和数字产业化的发展会提供更多薪酬丰厚的高技能岗位,从而吸引高技能结构女性选择高技能就业而放弃低水平创业。产业数字化和数字产业化的发展趋势与中低技能结构的女性就业之间存在着显著的负向交互效应。这一效应主要体现在在产业结构的升级和数字化转型过程中,随着高技能岗位的增加,中低技能岗位往往会被逐步替代,进而对中低技能岗位的女性就业造成一定的挤压。

以产业数字化为例,随着高端制造业的快速发展和智能制造技术的广泛应用,一批传统的手工劳动岗位逐渐被自动化、智能化的设备所替代。这种技术替代不仅提高了生产效率,也降低了对人工劳动力的需求,尤其是对中低技能劳动力的需求。因此,那些原本从事传统制造业的中低技能结构女性可能会面临就业岗位的减少或转型的压

力。同时,数字产业化的发展也带来了类似的挑战。在大数据服务行业的兴起过程中,传统的核算或统计岗位逐渐被先进的数据分析技术所取代。这些新技术不仅提高了数据处理的效率和准确性,也降低了对大量人工劳动力的依赖。因此,那些缺乏数字技能的中低技能结构女性会发现自己在就业市场上的竞争力逐渐减弱。

而这种负向交互效应不仅存在于就业领域,还延伸到了创业领域。产业数字化和数字产业化的发展虽然为市场提供了更多的创业机会,但这些机会往往更倾向于中低技能结构的女性。因为高技能岗位往往伴随着更高的薪酬和更广阔的发展前景,这使得一部分高技能结构女性更倾向于选择就业而非创业。尤其是当这些高技能岗位与她们的专业背景和技能结构高度匹配时,她们更可能选择稳定且薪酬丰厚的工作岗位,而非冒险涉足低层次的创业。

当然,我们还应该看到,产业数字化和数字产业化的发展对于中低技能结构女性的就业和创业来说,是机遇和挑战并存的。面对产业数字化和数字产业化的发展趋势,我们需要认识到其对中低技能结构女性就业和创业的潜在不利影响,并积极采取措施加以应对。通过提供培训和教育支持、鼓励女性参与数字经济相关领域的创业活动等方式,帮助她们提升技能水平、增强竞争力,从而更好地融入数字经济时代的发展潮流。同时,我们也需要关注高技能结构女性在就业和创业方面的选择,为她们提供多元化的发展路径和成长机会,以实现女性个人价值与社会发展的双赢。

四、数字经济的发展不能显著促进女性职场地位的提升

实证研究还显示,虽然有相当数量的就业女性在单位中担任中层以上的职位,反映出现代女性在职场中有一定地位和决策参与度,但通过对女性样本的深入研究,揭示了一个引人深思的现象:尽管数字经济为女性提供了更为广阔的就业空间和多元化的职业选择,使得她

们能够在不同的行业和领域中展现自己的能力和才华,然而在职场中,中高层职位的获取仍然主要依赖于女性自身的教育背景、工作能力、职场经验以及专业素养等,而非数字经济的发展程度。换言之,数字经济的强劲发展势头并未显著促进女性职场地位的整体提升。这一结论是基于对有效样本的仔细分析得出的,其中我们特别剔除了就业职位数据缺失的个案,以确保研究结果的准确性和可靠性。在控制其他变量不变的情况下,我们发现女性的就业职位与其年龄之间存在显著的正相关关系。这意味着随着年龄的增长,女性的平均就业职位通常呈现上升的趋势。这一发现可能反映了职场中工作经验积累的重要性,同时随着年龄的增长,女性在职场中可能获得更多机会和晋升空间。此外,研究还显示女性的就业职位与受教育程度之间存在显著的正相关关系。

这一现象的背后,可能涉及多种复杂的因素。首先,职场晋升往往是一个综合考量个人能力和业绩的过程,数字经济的发展虽然为女性提供了更多的就业机会,但并未直接改变职场晋升的规则和标准。其次,女性在职业发展过程中可能仍然面临一些结构性障碍和挑战,如性别偏见、职业隔离等,这些因素可能在一定程度上限制女性在职场中的晋升机会。最后,数字经济的发展对女性职场地位的影响可能因地区、行业、职业类型等因素而存在差异。在一些数字化程度较高、创新能力较强的行业中,女性可能更容易获得中高层职位。然而,在一些传统行业或数字化程度较低的地区,女性可能仍然面临较大的晋升难度。

五、数字经济的发展对女性就业创业的促进存在明显的年龄差异

数字产业化和产业数字化的深入发展显著推动了青年女性群体的就业增长,而基础设施建设的完善和社会数字化水平的不断提升则

对中老年女性群体的就业起到了积极的促进作用。由于青年女性群体普遍拥有较高的受教育水平,因此,数字经济通过数字产业化和产业数字化的推进渠道,为她们提供了大量高技能岗位,从而提升了这一群体的整体就业水平。相比之下,中老年女性群体则更多地受益于数字化基础设施的普及和社会数字化程度的提高,这些变化为这一群体带来了更多低技能就业岗位的机会。

在创业领域,新业态新模式的涌现为青年女性群体提供了广阔的创业空间。特别值得注意的是,随着受教育程度的提升,创业水平呈现出逐渐降低的趋势。这表明新业态新模式主要促进了青年女性群体中具备较低技能水平者的创业活动,而那些拥有高技能水平的中青年女性则更倾向于选择高质量的就业岗位。这一现象或许真实地反映了不同技能水平、不同年龄层次的女性在就业和创业选择上的显著差异化特点。

与此同时,数字化基础设施和社会服务数字化的发展对中老年女性群体的创业活动却产生了显著的正向影响。随着数字化技术的普及和应用,中老年女性群体能够更快捷、更便利的方式获取创业信息和创业资源,同时也降低了创业门槛和风险系数。此外,数字化技术还为女性创业提供了更多的市场机会和营销手段,有助于提升创业项目的竞争力和成功率。

六、数字经济的发展对女性就业创业的促进存在明显的城乡差异

数字产业化和产业数字化的快速发展为城镇女性群体带来了显著的就业机遇,极大地提升了她们的就业水平。随着数字技术的不断进步和广泛应用,数字产业逐渐壮大,为城镇女性提供了更多的就业机会和岗位选择。同时,产业数字化的发展也推动了传统产业的转型升级,使得城镇女性的就业领域更加宽泛,就业质量也得到了提升。

此外,新业态新模式的兴起为农村女性提供了显著的创业机遇。随着互联网技术的普及和农村电商的蓬勃发展,农村女性能够利用网络平台开展线上销售、直播带货等创业活动。这些新业态新模式不仅降低了创业门槛,还使得农村女性能够更好地发挥自身的优势,实现创业梦想。同时,新业态新模式也带动了农村经济的发展,为农村女性提供了更多的创业机会和发展空间。

可见,数字产业化和产业数字化的发展以及新业态新模式的兴起,不仅提升了城镇女性群体的就业水平,也为农村女性提供了创业机遇。这种发展趋势有助于缩小城乡女性在就业和创业方面的差距,推动女性群体的全面发展,更有助于实现城乡的共同富裕。同时,政府和社会也应加强对女性群体的支持和引导,为她们提供更多的就业和创业机会,使女性在经济社会发展中的重要作用得到充分发挥。尽管数字产业化和产业数字化为城镇女性提供了更多就业机会,但也需要关注数字技能培训和职业发展的问题。只有不断提高数字素养和技能水平,她们才能更好地适应数字化时代的需求,实现更高质量的就业。

同样,对于农村女性而言,新业态新模式虽然给她们带来了创业机遇,但也需要加强对她们的创业培训和指导,帮助她们提升创业能力和风险应对能力,确保创业活动的可持续发展。此外,在推动女性就业和创业的过程中,还需要注重平衡发展。一方面,要加大对农村地区的支持力度,促进农村女性创业活动的蓬勃发展。另一方面,也要关注农村女性的职业发展需求,为她们提供更多的晋升机会和职业发展空间。同时,还需要加强政策引导和监管,确保女性在就业和创业过程中能够享受到公平、公正的待遇和权益保障。

总之,数字产业化和产业数字化的发展以及新业态新模式的兴起为城镇女性和农村女性带来了不同的就业和创业机遇。通过加强技能培训、创业指导和政策支持等措施,可以进一步促进女性群体的全面发展,推动经济社会的繁荣与进步。

本章小结

本章是本书研究的核心重点和难点。本章基于第四期中国妇女社会地位调查的浙江省样本数据,结合第四章中我国及浙江省数字经济发展现状的数据,在参考比较现有研究成果的基础上,构建了一套精准的概率模型。该概率模型不仅重点分析了数字经济对女性就业总体就业率的直接影响,还就数字经济对女性就业创业技能结构进行了交互效应研究,并就数字经济发展对女性就业创业的年龄、城乡以及受教育程度等进行了异质性检验。本章最后还对实证研究的主要结论进行了归纳总结,包括数字经济的蓬勃发展使女性的总体就业创业率得到了显著提升;数字经济加速了传统女性主导行业的数字化转型,同时也催生了众多新兴的女性友好型职业;不同年龄段、不同受教育程度、不同技能背景的女性在数字经济中的就业创业转变呈现出显著的差异性特点;等等。

第七章　数字经济给女性高质量就业带来的机遇与挑战

　　随着信息技术的飞速发展,数字经济已成为全球经济增长的新引擎,它不仅深刻改变了传统行业的运作模式,更为劳动力市场带来了前所未有的变革。在当今社会,女性作为社会不可或缺的"半壁江山",其就业状况与职业发展直接影响着社会整体的和谐与进步。数字经济的兴起,如同一股强劲的东风,为女性提供了跨越传统壁垒、拓宽职业边界的宝贵机遇。它打破了地域限制,让远程工作成为可能,为女性平衡家庭与事业提供了更多灵活性;同时,大数据分析、人工智能、云计算等新兴领域的蓬勃发展,也为女性创造了大量高技能、高收入的工作岗位,促进了女性职业晋升的多元化路径。

　　然而,机遇总是与挑战并存。数字经济的发展也对女性提出了更高的技能要求和适应能力挑战。面对快速迭代的技术知识和不断变化的职业环境,女性需要不断提升自我,掌握新技术,增强数字素养,才能在激烈的竞争中立于不败之地。此外,数字鸿沟、性别偏见等问题依然是阻碍女性充分享受数字经济红利的重要因素。因此,深入探讨数字经济时代女性高质量就业的机遇与挑战,寻找促进性别平等与女性职业发展的新策略,对于构建更加包容、可持续的数字经济生态具有深远意义。

第一节　数字经济给女性高质量就业带来的机遇

一、数字经济为女性就业带来性别红利

数字经济的迅猛发展为现代社会的就业格局带来了深刻变革，其中，平台就业模式的兴起为女性劳动者提供了更为广阔的职业发展空间，显著地促进了就业性别结构的优化。然而，在享受数字经济带来的红利的同时，我们也必须正视并努力解决性别上的"数字鸿沟"，确保女性在数字时代的就业竞争中能够平等地享有权利和机会。

数字经济平台的就业特点为女性提供了更多展示自我、实现价值的机会。相较于传统行业，数字经济平台就业具有灵活性高、门槛相对较低、工作地点不受限制等优势，这使得女性能够更好地平衡家庭与工作的关系，实现自我价值的最大化。同时，数字经济平台上的职业类型多样，涵盖了电商、在线教育、社交媒体等多个领域，为女性提供了更多选择的空间，有助于激发她们的创造力和创新精神。然而，数字经济的快速发展也带来了性别上的数字鸿沟问题。由于教育水平、经济条件、地域差异等多方面因素的影响，女性在数字素养、技能掌握以及职业发展等方面与男性相比仍存在一定的差距。这种差距不仅限制了女性在数字经济领域的职业发展，也影响了整个社会的数字化进程。为了提升数字经济时代女性就业能力，我们需要充分利用政策红利，加强女性数字素养与技能的培养。

《提升全民数字素养与技能行动纲要》和《2024年提升全民数字素养与技能工作要点》等政策文件，为提升女性数字素养与技能提供了有力的支持。我们应该深入解读这些政策文件，结合女性劳动者的

实际需求,制订有针对性的培训计划,帮助她们提升数字技能水平。在培养女性数字人才的过程中,我们还应注重培养她们的数字意识、计算思维、终身学习能力和社会责任感。数字意识要求女性劳动者应具备对数字技术的敏感度和认知能力,能够主动适应数字时代的变化。计算思维则是指运用数学方法和计算机技术解决问题的能力,这对于女性在数字经济领域的职业发展至关重要。终身学习能力则要求女性劳动者具备持续学习和自我提升的能力,以适应不断变化的数字经济环境。社会责任感则强调女性劳动者在追求个人职业发展的同时,也应积极承担社会责任,为推动数字经济的健康发展贡献力量。

在当今时代,数字经济以其迅猛的发展势头、活跃的创新能力和广泛的辐射范围,正深刻改变着人们的工作和生活模式。它不断孕育出全新的消费模式,催生了更加高效和智能化的生产方式,成为推动经济社会发展的重要引擎。作为一种新型经济形态,数字经济更是为女性就业打开了广阔的"新蓝海",不仅显著增加了女性就业总量,更在优化就业结构、提升就业质量方面发挥着重要作用。

数字经济平台就业模式的兴起,为女性提供了灵活多样的就业机会。与传统行业相比,数字经济领域的就业门槛相对较低,且不受地域限制,这使得女性能够更轻松地进入职场,实现自我价值。

同时,数字经济也催生了一系列新兴职业,如电商主播、在线教育讲师等,这些职业不仅适合女性的性格特点,更能充分发挥她们的优势和特长。然而,我们也应看到,数字经济时代的女性就业仍面临一些挑战和困难。一方面,数字技术的快速发展对女性劳动者的数字素养和技能水平提出了更高的要求。另一方面,性别歧视和刻板印象等社会因素也在一定程度上限制了女性在数字经济领域的职业发展。因此,要顺应数字经济条件下女性就业形态的变化,提升数字经济时代女性就业能力,释放性别红利,需要从多个方面入手。首先,政府应出台更多支持女性就业的政策措施,如提供职业培训、创业扶持等,帮助女性提升数字技能和就业竞争力。其次,企业也应积极承担社会责任,为女性提供平等的就业机会和职业发展空间,打破性别壁垒。最后,社会各界也应加强对女性就业的宣传和倡导,营造更加公平、包容的就业环境。在提升女性数字素养与技能方面,我们可以充分利用现有政策红利,如《提升全民数字素养与技能行动纲要》等文件,加强女性数字教育和培训。通过开设相关课程、举办线上线下培训活动等方式,帮助女性掌握数字技术和应用技能,提升她们的就业能力和竞争力。

同时,我们还应注重培养女性的创新精神和创业意识,鼓励她们在数字经济领域勇敢尝试、大胆创新。释放性别红利,就是要充分发挥女性在数字经济中的独特优势和价值。女性通常具有细心、耐心、善于沟通等特质,这些特质在数字经济领域具有广泛应用空间。例如,在电商领域,女性主播往往能够更好地理解消费者需求,提供更加贴心的服务;在在线教育领域,女性教师更能关注学生的情感需求,提供更具人文关怀的教学服务。

二、数字经济为女性带来新型就业机会

数字经济作为一种崭新的社会发展范式,其在组织方式、商业模式以及就业形态等多个层面,与中国传统的经济社会形态有着显著的区别。特别是在就业形式上,数字经济大多以网络平台为基石。这些新型的网络就业形式在组织模式、就业范围等方面均呈现出与传统社会就业形式不同的特点。这些特点不仅打破了传统就业形式在空间和期限上的束缚,更以其数量庞大、门槛相对较低以及灵活性强的特质,为广大劳动者提供了更多的就业机会,极大地拓宽了社会就业的空间。

具体来看,数字经济下的就业形式多种多样,如外卖骑手、网络医生、"到家老师"等。这些职业的出现,不仅满足了社会对于便捷、高效服务的需求,也为众多劳动者提供了新的就业选择。尤其是对于一些

特殊群体,如女性、老年人等,数字经济提供了更多灵活就业、居家就业的平台,使得他们能够在家庭与工作之间找到更好的平衡,在实现自我价值的同时,也为社会做出贡献。从性别就业结构的角度来看,数字经济的网络就业特点为女性提供了更多的就业机会。在传统社会中,由于种种因素的影响,女性在就业方面往往面临诸多挑战和限制。而数字经济则打破了这些限制,为女性提供了更加广阔的就业空间。无论是在线教育、电商直播,还是其他各种线上服务领域,女性都能够发挥自己的特长和优势,为社会经济的发展注入了新的活力。此外,数字经济还激活了各类新模式新行业,带来了更多有利于女性就业的创新项目。这些项目不仅为女性提供了更多的就业机会,更为她们提供了实现自我价值、展示个人才华的舞台。通过这些项目,女性可以更加深入地参与到社会经济的发展中,为社会创造更多的价值。

数字文化作为当代社会发展的重要驱动力,不仅丰富了人们的文化生活,更孕育出了一大批灵活就业岗位,为社会就业开辟了新的广阔空间。在数字文化的浪潮下,灵活就业者如同繁星般点缀在新兴产业的天幕上,他们大多聚集在平台经济、共享经济等充满活力和创新的领域。这些新兴产业以其独特的魅力和无限的发展潜力,吸引了大量灵活就业者的加入。他们或是才华横溢的主播,通过直播平台展示自我、传递价值;或是富有创意的自媒体人,用文字、图片和视频记录生活、分享知识;或是充满激情的电竞选手,在虚拟的世界里追求荣耀与梦想;抑或是勤劳踏实的外卖员、网约车驾驶员,用自己的辛勤劳动服务着社会的每一个角落。

国家统计局发布的权威数据显示,截至2024年底,我国灵活就业人才数量已突破2亿人,这一数字占据了劳动力市场总体规模的四分之一以上。这一庞大的群体,正成为推动社会经济发展的重要力量。而在这背后,大数据技术的崛起为灵活就业提供了强有力的支撑。通过灵活的工具与算法匹配,大数据技术能够精准地连接灵活就业者与市场需求,使得他们能够在更广阔的范围内寻找适合自己的工作机会。同时,大数据技术还能够为灵活就业者提供更为便捷的服务体验,如在线支付、订单管理、信用评价等,进一步提升了他们的工作效率和生活品质。利用大数据技术的自由职业、灵活就业与创新,正日益成为服务人们的一种新方式。无论是线上购物、外卖点餐,还是预约出行、在线学习,灵活就业者都能够在大数据技术的帮助下,为人们提供更加便捷、高效的服务。

这种新型的服务模式不仅满足了人们日益多样化的需求,也为灵活就业者提供了更多的发展机会和创业空间。此外,数字文化还促进了灵活就业的跨界融合与创新发展。在数字文化的推动下,不同行业之间的界限逐渐模糊,灵活就业者可以更加灵活地跨界发展,探索新的商业模式和服务方式。例如,一些自媒体人开始尝试将内容创作与电商销售相结合,通过直播带货的方式实现内容的变现;而一些电竞选手则利用自己的影响力和粉丝基础,开发线下活动、品牌代言等多元化的发展路径。

三、数字经济促进供需双方的平衡

数字经济以其独特的优势,有效地促进了劳动领域供需双方的精准配对,显著降低了社会就业创造过程中的损失,并有力激活了创业发展的活力。一方面,数字经济的兴起有效地解决了劳动力配置过程中长期存在的信息不对称问题,极大地减少了就业寻找成本。在数字经济的推动下,劳动力市场供需双方的配对效率得到了显著提升,这不仅使得更多的劳动者能够迅速找到合适的工作岗位,同时也帮助企业更精准地找到所需的人才,从而提升了社会的整体就业水平。另一方面,数字经济通过推动创新和社会分工的深化,进一步激发了劳动者的创新积极性。在数字经济的助力下,企业和个人可以更加便捷地获取各种创新资源,扩大数据收集途径,降低创新成本,提高创新效率。这不仅有助于推动经济的持续发展,也为劳动者提供了更多的创新机会和创业空间,进一步促进了社会的就业增长。

值得一提的是,数字经济在减少欠发达区域就业障碍方面发挥了显著作用。通过数字技术的应用和推广,欠发达地区的劳动者可以更加便捷地获取就业信息,参与远程工作,从而打破地域限制,拓宽就业渠道。特别是对于农村女性等特殊群体而言,数字经济为其提供了更多的就业机会和创业平台,使她们能够充分发挥自身潜力,实现自我价值。因此,可以说数字经济在促进就业、激活创业发展活力方面发挥了重要作用。未来,随着数字技术的不断发展和普及,数字经济将继续为社会的就业创造和创业发展提供更加有力的支持。

四、数字经济极大地调动了女性工作的积极性

数字经济以其独特的魅力和广泛的影响力,极大地调动了女性参与数字经济的积极性,进一步释放了性别红利。在数字经济的浪潮下,女性通过短视频直播等媒介,足不出户就能向国内外展示特色产品或独特才艺,这不仅为女性提供了更广阔的创业和发展空间,也为传统文化的传承与创新注入了新的活力。从农村地区来看,数字经济更是成为女性就业创业的新选择。由于数字经济能够突破时间和空间的束缚,越来越多的女性开始希望融入这一新兴领域,实现自我价值。她们通过电商平台销售农产品、参与网络直播带货、提供家政服务等方式,不仅增加了家庭收入,也提升了自身的社会地位和自信心。

《金砖国家女性发展报告 2023》的发布为我们提供了有力的数据支持。报告指出,女性劳动参与率的提高可部分抵消人口老龄化导致的经济增速下降。这一结论不仅凸显了女性在数字经济发展中的重要地位,也为我们揭示了数字经济与女性发展的内在联系。通过鼓励女性参与数字经济,我们可以进一步发挥女性在经济发展中的潜力,推动经济的持续稳定增长。同时,我们也应看到女性在参与数字经济过程中面临的挑战和困难。例如,数字技能的缺乏、网络安全问题、市

场竞争压力等都可能成为女性发展的障碍。因此,我们需要加强对女性的数字技能培训,提高她们的网络安全意识,同时营造良好的市场环境,为女性提供更多创业发展的机会和平台。

随着数字技术的不断发展和普及,数字经济将继续成为推动经济发展的重要力量。我们期待看到更多的女性能够抓住数字经济的机遇,实现自我价值和梦想。同时,我们也相信,在女性力量的推动下,数字经济将焕发出更加绚丽的光彩,为社会的繁荣和进步做出更大的贡献。

第二节　数字经济给女性高质量就业带来的挑战

一、性别数字鸿沟依然存在

经济合作与发展组织对数字鸿沟的定义涵盖了在不同社会经济发展水平的地域背景下,个人、家庭、企业在获取信息、通信技术以及使用互联网开展各类活动时所面临的机会差异。其中,性别数字鸿沟作为数字鸿沟在性别维度上的具体体现,揭示了国家、地区、部门和社会经济群体内部及其之间,在信息通信技术的有效获取和数字技能水平方面存在的性别差异。这种差异不仅阻碍了女性充分享有和使用数字资源的权利,也限制了她们通过这一新兴领域实现自我发展的可能性。

随着数字技术的日益普及和应用,虽然在"数字接入鸿沟"方面,性别差异已逐渐缩小,但在数字设备的使用形式或用途上,男性和女性之间仍然存在着显著的差异。男性在日常生活中上网更为频繁,更倾向于在互联网上开展多元化的活动,如游戏等;而女性则更倾向于使用互联网进行社交活动，如发送信息、在社交媒体上分享照片等。这种使用上的差异不仅反映了男性和女性在数字技能水平上的不同，也体现了他们在数字生活中的需求和偏好。

性别数字鸿沟的存在对女性发展产生了多方面的负面影响。首先，女性在数字技能方面的不足限制了她们在数字经济领域的就业机会和创业能力，使她们难以充分参与到数字经济的建设中来。其次，女性在数字生活中的参与度较低，可能导致她们在社会交往和信息获取方面处于相对被动的地位，进一步加剧社会的不平等现象。最后，性别数字鸿沟还可能对女性在教育、健康等领域产生不利影响，限制她们在这些领域的发展和进步。

尽管数字经济在缩小性别差异方面发挥了积极作用，我们仍需正视并重视性别上的数字鸿沟问题。数字经济对女性就业结构产生了显著影响，特别是对于传统产业和学历较低的女性群体来说，她们更容易受到数字经济的冲击。这种冲击不仅体现为就业机会的减少，还可能导致她们在职业发展和薪资水平方面面临更大的挑战。

与发达国家相比，我国在数字经济人才方面存在显著的短板。数字化人才供给明显不足，特别是在"高、精、尖"数字化专业技能方面的女性人才更为稀缺。这种人才短缺现象不仅制约了我国数字经济的快速发展，也影响了女性在计算机、数学、软件等领域的参与度。尽管女性在这些领域已经取得了一定的进步，但相对于男性而言，她们的参与度和贡献度仍然较低。就业领域的性别鸿沟问题因数字技术的可及性等差异而有所加剧。

由于女性在数字技能和资源获取方面可能面临的障碍，她们在大数据分析、机器学习、人工智能等行业领域充分施展才能受到了一定程度的限制。这种限制不仅影响了女性在数字经济中的发展机会，也阻碍了我国数字经济整体的创新和竞争力提升。此外，我们还需警惕算法规则中可能存在的性别歧视问题。如果运用带有性别歧视的算法规则来收集和分析劳动者的信息和数据，并据此预测数据主体的需求偏好、业绩表现、发展潜力等特征,那么所得到的结果就很有可能失去客观性。这不仅损害了算法的公正性和准确性,也不利于保护女性群体在就业市场的权益。

当前,数字经济领域灵活就业者面临诸多社会保障方面的挑战,其中劳动关系认定、工伤保险补偿、劳动争议处理以及社保缴费等问题尤为突出。这些问题在女性群体中显得尤为紧迫,需要得到更加细致和全面的关注。首先,现行的劳动法与新就业形态之间存在不匹配的情况,导致灵活就业者与平台企业之间的劳动关系界定变得模糊。这种模糊性使得灵活就业者很难被纳入现有的劳动保障体系,从而无法享受到应有的权益保障。对于女性而言,这种模糊性可能使她们在维护自身权益时面临更大的困难。其次,数字平台企业在用工方面存在不规范的问题,这进一步加剧了劳动者的权益保障难题。不规范用工包括工作时间不合理、薪资待遇不公平等。这些问题不仅可能影响劳动者的生活质量和工作积极性,还可能对劳动者的身心健康造成负面影响。对于女性而言,她们在家庭和社会中扮演着多重角色,不规范用工可能导致她们在应对职业发展和家庭责任时面临更大的压力。最后,灵活从业者购买的商业险往往存在附加值低、保障力度小的问题。这种保障水平的不足使得灵活就业者在面对风险时难以得到有效的保障。对于女性而言,由于她们在家庭中承担着重要的责任,一旦发生意外或疾病等风险事件,可能会给家庭带来更大的经济和精神负担。在数字经济情境下,女性虽然可以更加灵活地统筹考虑职业发展需求和家庭需要,但工作和生活的界限变得逐渐模糊。这既为女性提供了更多的职业发展机会,也可能无形中加重她们的身心负担。女性需要在工作和家庭之间找到平衡点,这往往需要她们付出更多的努力和时间。

二、女性数字技术从业者规模与男性仍存在差异

数字经济的发展离不开数字技术从业者的积极参与和推动。他

们作为构建者,为数据经济奠定了基本算法和规则。数据经济工作者的性别结构在很大程度上反映了数据经济对女性从业者和创业者的友好程度。相关资料显示,在我国 2020 届大学毕业生中,女性占比达到了 52.4%,而男性占比为 47.6%,这显示出女性在高等教育中的参与程度与男性相当甚至略有超过。然而,当我们关注到具体的学科领域时,情况却有所不同。在理学和工程专业中,男性的比重远大于女性,工程专业男性占比高达 63.89%,理学专业男性占比也达到了 54.61%。这种性别比例的不均衡意味着女性在理工类学科中的比例相对较小,进而可能导致她们在从事数字技术相关职业的机会上受到限制。BOSS 直聘研究院发布的《2021 年中国职场性别薪酬差异报告》进一步指出了数字类职位性别比例的问题。2020 年,女性在数字类职位中的占比仅为 17.9%。这一数据不仅揭示了女性在数字技术领域的参与程度较低,也反映出了该领域在性别平衡方面存在的显著问题。

女性在数字类职位中的占比偏低,不仅限制了她们在数字经济中的发展机会,也可能影响到整个数字经济的多样性和创新性。这种性别比例失衡的现象,不仅体现在求职和就业方面,还体现在职业发展、薪酬待遇以及职业晋升等方面。由于女性在数字技术领域的参与度较低,她们可能面临更少的晋升机会和更高的职业壁垒。同时,由于性别偏见和刻板印象的存在,女性数字技术从业者可能遭受不平等的薪酬待遇和职业评价,进一步加剧性别差异。

女性数字技术从业者的比例正在稳步上升,反映出她们在这一领域的积极参与和贡献。根据 BOSS 直聘研究院发布的《2021 年中国职场性别薪酬差异报告》,2020 年,在数字技术领域的从业者中,尤其是一年以下工作经验、应届生和实习生等年轻群体中,期望在数字技术领域发展的女性占比均超过了 25%,这显示了女性在数字技术领域的兴趣和热情。同时,职场新人中,女性的平均期望薪资相较于男性仅低 7.5%,这进一步证明了女性在数字技术领域的竞争力。互联网 IT

和电子通信行业女性从业者的平均薪酬增幅也名列前茅,分别达到了4.0%和2.7%。这表明,随着女性在数字技术领域的不断深耕和发展,她们在薪酬方面也逐渐获得了更多的认可和回报。

数字技术类职业近年来已经成为国内收入水平较高的职位之一,同时也成为社会突破职业障碍和薪酬鸿沟的一个重要突破口。在最具代表性的网络/信息技术领域中,尽管男性从业者仍享有一定的薪酬优势,但这一优势相较于整体情况已有所缩小。技术类、产品类岗位,男性从业者的平均薪酬比女性高16.5%和16.8%,均低于男性整体薪酬优势(24.1%)。这表明,在数字技术领域,性别薪酬差异正在逐步缩小,女性从业者的地位和收入也在逐渐提升。此外,随着女性就读STEM(科学、技术、工程、数学)类专业的学生数量进一步上升,未来女性作为数字科技工作者的比重也将进一步增加。STEM类专业作为数字技术领域的基石,为女性提供了更多掌握核心技能和知识的机会,使她们能够在这一领域发挥更大的作用。

三、女性受技能短缺、岗位冲击问题影响更大

数字技术的迅猛发展在为社会创造大量新兴就业机会的同时,也不可避免地导致了一些传统工作岗位的消失。对于当代女性而言,能否迅速掌握必要的数字技能,并成功融入新兴产业以实现就业,从而有效避免被人工智能等先进技术所替代,已成为她们面临的一大挑战。然而,数字经济的崛起不仅带来了就业结构的变革,还可能加剧岗位和收入的分化现象。在数字经济的冲击下,那些重复性、机械性的劳动方式首当其冲,更容易被智能化、自动化的人工智能和大数据系统替代。这种趋势导致了中层白领和蓝领工作岗位的大幅减少,使得许多原本从事这些职业的人们面临失业的风险。

与此同时,原本从事较低技能水平工作的人们也不得不开始寻找新的就业出路,他们可能选择向下转型到更低技能要求(且不易实现

自动化)的岗位,或者努力提升自己,尝试向上进入更高技能要求的知识型工作岗位。这种就业市场的变革趋势进一步加剧了白领和蓝领等中产工作岗位的空心化现象。随着越来越多的工作被自动化替代,传统意义上的中产阶层岗位变得越来越稀缺,而劳动力市场上则逐渐形成了明显的两极分化趋势。一方面,高技能、高知识含量的工作岗位需求不断增加,但竞争也异常激烈。另一方面,低技能、低知识含量的工作岗位虽然仍然存在,但往往收入较低且缺乏晋升空间。

对于女性而言,由于在受教育程度和技能积累方面相对于男性存在一定的劣势,她们在向上进入高等知识技能工作岗位方面可能面临更大的困难。这意味着在岗位两极分化的趋势中,女性可能更容易受到冲击,陷入就业困境。此外,女性在家庭和社会中扮演的多重角色也可能使她们在追求职业发展和提升技能方面面临更多的挑战和限制。

数字技术的深刻变革以及数字经济中商业模式的不断创新,对人力资本提出了前所未有的高要求。然而,随着数字企业的迅猛发展,现有的培训与技术训练制度显得捉襟见肘,难以满足这些企业对工人技术能力的迫切需求。当前的教育与职业培训制度往往过于专注单一领域的知识传授,缺乏跨领域、综合性的培养,这使得它们难以迅速适应并匹配数字经济社会中各类人才复杂多变的知识要求。

更为重要的是,现有的职业技能培训制度在覆盖范围上还存在明显的不足。其宽泛的培训内容虽然看似能够涵盖多个领域,但实际上却可能导致培训效果的分散和浅尝辄止。这种宽泛性尤其不利于女性在数字经济领域获得针对性的技能提升。由于女性在职业发展和技能提升方面往往面临更多的社会和文化障碍,因此她们更需要精准、有效的培训来增强自身在数字经济中的竞争力。此外,数字经济的快速发展也带来了职业结构的深刻变化。一些传统职业正在逐渐被自动化和智能化技术所取代,而新兴职业则不断涌现。这就要求职业培训制度必须能够迅速捕捉这些变化,及时调整培训内容和方法,以适应新的职业需求。然而,现有的培训制度往往缺乏足够的灵活性和前瞻性,难以跟上数字经济时代的步伐。

四、女性在平衡工作和家庭关系时的压力加大

在数字经济的发展浪潮中,线上工作与线下生活模式的界限愈发模糊不清,这种界限的模糊性给女性的工作与家庭活动安排带来了潜在的风险与挑战。在当前阶段,我们不得不面对一个现实,那就是我国女性的劳动参与率相较于男性的明显偏低。这一现状在数字经济快速发展的背景下,显得尤为突出。数字经济不仅带来了工作方式的变革,更对劳动者的素质和能力提出了更高的要求,这无疑给女性的就业带来了更大的挑战。数字经济以其独特的魅力,带来了更强的竞争、更高的透明性以及消费者选择的多样化。

在这样一个时代,女性通过利用数字网络就业、远程工作等新型职业形式,不仅能够在家庭与工作之间找到更好的平衡点,还能作为家庭的主要供养人,为家庭的幸福和稳定贡献自己的力量。女性收入水平的提升,不仅能够提高她们自身的生活质量,还能为家庭成员创造更良好的生存条件,从而提高整个家庭的经济福利水平。然而,居家生产模式也对女性提出了更高的要求。在数字经济时代,女性需要更加有效地利用工作时间,这既是对她们自我管理能力的一种考验,也是对她们家庭生活与职业成长之间平衡能力的一种挑战。与此同时,女性在求职、创业等活动中,仍然需要承担大量的家庭无酬劳动,这使得她们在追求职业发展的同时,也必须妥善解决家庭生活与个人成长之间的问题。

五、新就业形态劳动者的权益保障仍待完善

数字经济推动了灵活就业发展,特别是推动了以平台组织为基础

的新就业形态的出现。平台经济灵活就业者的劳动权益保障存在法律短板,劳动权益界定不清晰、不明确,导致劳动争议难以解决。平台经济灵活就业者面临社会保险参保的种种困难。目前,许多地区设定了户籍限制,规定只有本地户籍的灵活就业者才能参与社会保险,这无疑加大了非本地户籍灵活就业者的参保难度。此外,社保缴费基数较高、可选择的参保险种相对较少,以及缴费流程的烦琐复杂,都成了阻碍灵活就业者积极参保的重要因素,进而导致其社保参保率普遍偏低。灵活就业的不稳定性以及缺乏相应的劳动保障,给女性劳动力带来的伤害尤为严重。与年轻劳动力相比,女性在灵活就业中面临的挑战更为复杂和严峻。由于灵活就业往往没有产假、哺乳休假等工资机制的保障,女性在生育和哺乳期间可能面临收入锐减甚至失去工作的风险,这给她们的生活带来极大的困扰和压力。

本章小结

本章主要从机遇和挑战两个方面就数字经济对女性高质量就业的影响进行了详细而深入的分析。本章的基本结论是数字经济的快速发展对女性高质量就业而言是机遇和挑战并存的。机遇主要来自数字经济为女性就业带来了性别红利、数字经济为女性就业带来新型的就业机会、数字经济促进了劳动力市场供需双方的平衡,以及数字经济调动女性的工作积极性并发挥女性性别优势等。挑战主要包括数字经济背景下性别的数字鸿沟依然存在、女性在数字技术岗位的从业规模与男性相比仍存在差异、女性受技能短缺导致的岗位冲击的影响更大、女性在平衡工作和家庭关系时的压力仍然很大,以及灵活就业等新就业形态下女性劳动者的权益保障问题仍需完善,等等。本章对挑战部分的分析,为数字经济促进女性就业的路径探索和政策建议提供了研究框架。

第八章　数字经济赋能我国女性高质量就业路径分析

在数字经济蓬勃发展的时代浪潮中,女性力量正以前所未有的姿态绽放光彩。本章将深入探讨数字经济如何赋能我国女性,从而开辟出一条高质量就业的新路径。技术创新与平台经济的深度融合,不仅打破了传统的就业壁垒,还为女性提供了更加灵活多样的职业选择。我们将重点分析数字经济带来的就业机遇,探讨女性如何利用数字技能提升自我,实现职业发展与家庭生活的和谐平衡,共同绘制一幅女性高质量就业的美好蓝图。

第一节　数字经济推动我国劳动力市场结构变化

数字经济的发展是技术—经济范式转变的体现。中国的数字经济发展建立在信息通信技术重大突破的基础上,以数字技术与实体经济的融合驱动产业梯次转型和社会经济创新发展为主引擎。人类社会已经进入了数字经济发展范式,这意味着在基础设施、生产要素、产业结构、社会治理模式与制度框架等方面都将表现出与农业经济、工业经济等显著不同的新特点。数字经济将加速经济社会生活各领域的数字化进程,并成为经济发展的新动能,也将助推经济发展质量变革、效率变革、动力变革,从而大大增强我国的经济创新力和竞争力。
数字经济在我国的快速发展,也对我国劳动力市场的运行产生了
影响。

数字经济推动了我国就业规模不断增加。数字化转型推动传统
行业与企业效率升级,创造出新的工作内容需求,新职业与新工种不
断涌现。根据《中国互联网发展报告 2021》,2020 年中国数字经济规
模达到 39.2 万亿元,占 GDP 比重达 38.6%,保持 9.7% 的高位增长
速度。① 我国数字经济的蓬勃发展带来了就业方式的巨大变化。除原
有的传统雇佣职业之外,自主创新、自由职业等更加灵活就业的方式
也将迅速出现,同时大量以数据科技为代表的服务经济、共享经济等
诞生,并促进了新就业形态的大范围涌现。

数字经济时代,由于新技术的高度易用性和快速扩散,大大降低
了生产者进入某一产业的门槛,在提高了产业内劳动生产率的同时,
也拓展了产业规模。大数据、云计算、人工智能等通用技术正在逐渐
向模块化发展,对整个社会生产过程的影响也将更多地体现在其"赋
能效应"上。数字技术将以更低的交易成本,在单个产业内甚至多个
产业间快速扩散和赋能生产者。企业能够以更低的成本收集到这些
信息,从而以更快的工作效率进行产品的创新项目。与工业经济时期
相反,数字经济时期信息技术的易用性的迅速传播降低了信息技术的
垄断效应,进而大大降低了某些领域的科技难度,在扩大生产规模的
同时,也形成了质量收益递增效应。

数字经济带来了劳动力就业结构的调整。数字技术和相关商业
模式在各行业中的应用速率不同,不同行业、企业数字化转型的推动
力度和速度不同,导致不同行业数字化程度存在差异。第三产业是数
字化转型程度最高、覆盖面最广、吸纳就业人数最多的产业。从总招

---

① 中国数字经济规模达 39.2 万亿元[EB/OL].(2021-09-26)[2024-01-30].http://
www.gov.cn/xinwen/2021-09/26/content_5639469.htm.

聘岗位来看,截至 2021 年,第三产业数字化领域招聘岗位占总招聘岗位数的 67.5%,就业岗位占比达 60.2%,远高于第二产业的 7.1% 和第一产业的 0.1%;而第三产业的最高岗位工资,则高于第二产业和第一产业。第三产业中,开发和制造的现代服务业已经成了就业的"主战场";在第二产业中,新技术领域带动就业的效果更为明显;而在第一产业中,大数据产业的岗位规模则还有待继续扩大。

数字经济为从业者赋能,使得对劳动者教育和培训的成本进一步降低。以中国农村"淘宝村"的发展情况为例,2009 年以来,在数字化平台的赋能下,中国农村草根创新创业的活动逐渐兴起。2020 年,"淘宝村"的活跃网商数量已超过了 296 万户,并提供了超过 828 万个就业机会。[①] 数字科技的赋能,大大促进了我国乡村的农产品、轻工业、现代物流业等多个领域的蓬勃发展。数字经济发展为创业者构建了相互协同的创新生态系统。数字经济时代生产和创新过程已不再是简单的企业内部的生产与创新,而是包含了企业、政府、大学、科研院所、个体开发者,甚至消费者的全产业创新生态系统。在大数据、云计算、人工智能等新技术的广泛赋能下,网络化的生产组织方式可以将技术、数据、生产制造、销售能力等多元生产和创新活动的基本要素链接起来,并在整个生产网络中产生协同效应。

第二节　数字经济大力推动女性就业或创业

数字经济的出现,减少了女性在劳动力市场中的劣势,扩大了女性在劳动力市场中的价值,为女性开创了新的就业空间和领域。与男性相比,女性在劳动力市场中的劣势主要体现在因生育而退出劳动力

---

① 阿里研究院. 淘宝直播催生就业新形态[R]. 2021.

市场,同时女性在家庭教育中往往负有较多的家庭职责,如照料孩子和长辈。这造成了女性在人力资源方面(包括学历、知识等)与男性产生差异。因为需要担当照顾家人的职责,所以女性一般会寻找时间相对灵活、对照顾家人有益、易于重新进入的职业。这样的职业通常技能水平较低、人力资源计提折旧较低,这就导致了女性集中在一些知识水平和工资标准较小的职位。

数字经济的到来,突破了时间、距离等对女性劳动力的束缚。一方面,数字经济给她们带来大量能够在家务中实现的任务,使她们能够在完成家庭职责的同时进行线上打工,增加了她们的工作机会,扩大了职业规模,同时也为她们提供了收入。另一方面,数字经济也推动了大量女性可以随时进入或退出、自主安排时间的新就业形态的出现。根据人力资源和社会保障部对 2020 年中国灵活就业形态从业者的调查,2020 年中国灵活就业规模达 2 亿人,其中女性从业人员占比已达 32.7%。①

新职业形态方便女性对于事业的选择,符合女性对时间弹性的要求,能够给女性创造短时间的兼职或长时间的弹性工作时间。女性"既赚钱,又养家",才能有效增强女性在婚姻中的决策权和谈判力。这为女性赢得家庭支持,如家务分享、家人的理解和支持,以及进一步增加劳动供给提供了经济基础。数字经济还提升了女性在劳动力市场中的重要作用。在大数据发展时期,女性凭借其在部分软技术领域的优势能够获得良好的发展。例如,女性拥有更好的"细心、敏感等细节处理能力""同理心、理解力等人际沟通能力""责任感、忠诚度"等软技能。

数字经济带来的快速变化对从业者的应对能力、软技能要求更高。女性更高的软技能水平、更强的洞察消费者和感知市场能力,可

---

① 目前我国灵活就业规模达 2 亿人[EB/OL].(2021-05-20)[2024-01-30].中国政府网. http://www.gov.cn/xinnem/2021-05/20/conbent_5609599.htm.

以帮助女性在数字经济相关领域获得更多机会。数字经济改善了一些需要"情绪劳动"的职业,如教师、家政工等。通过平台化组织,这些职业规模进一步扩大,职业规范化程度和收入水平进一步提高。数字经济通过平台组织的方式也可以减少女性在就业中遭遇的歧视,如雇主歧视、雇员歧视与顾客歧视。数字经济通过平台组织对劳动力资源进行组织,减少了雇主和顾客主观偏好的影响。在数字经济中,劳动者分散就业,也减少了雇员歧视的影响。因而总体上,数字经济的出现减少了女性面临的就业歧视。

数字经济也为从业者群体开创了新的就业空间和领域。数字经济中出现了大批女性占据主导的新职业。同时,一些传统上女性占据主导的职业开始通过数字化方式组织,提升了效率、公平性与安全性,就业质量得到改善。这些女性占优势的职业不同于以往女性集中的低技能职业,而是女性能够充分发挥其优势和价值的职业。

数字经济时代,通过平台组织提升平台就业者、创业者的工作动力。第一,平台能够促进生产供应与市场高效匹配,提高工作效率,减少交易成本。第二,平台能够为就业者、创业者赋能。平台向劳动者提供公共服务,有助于提高劳动力生产的质量,尤其是提高企业的水平。例如,淘宝对交易的企业服务内容包括了诚信体系、客户管理体系、产品体系、贸易流程、计算能力、售后服务体系等。第三,平台可以帮助从业者降低风险。平台的功能结构是由大规模、低变化的基础功能和具备互补特性、高度变异性的功能模块构成的。在系统开发的过程中,从业者能够重复使用平台基础功能,达到规模的效果,降低高速变化的平台和系统产生的危害。在网络经济时代,女性劳动者获得资源的能力增强,成本减少,风险适应能力提升,从而得以实现自身价值。

第三节　数字经济增加了女性偏好的就业机会

随着我国数字型企业的迅速成长,数字平台给女性创造了更多的机会,也扩大了我国女性的就业选择面。数字经济的相关就业岗位也体现出了就业形式灵活多样、涵盖人群范围广阔等特点,电商、互联网直播、在线教育、中远程健康咨询等领域的就业岗位数量相对充足。另外,由于数字经济带来的就业岗位普遍涵盖了各种人群,因此女性的就业比例快速增加,尤其是中低年龄女性的就业比例迅速扩大。同时,信息的传播也更新了女性的传统观念。这些都有利于充分释放女性个体潜能,促进女性就业环境整体改善,帮助女性获得更多就业机会。

数字经济也为女性提供了职业新机遇,并扩大了女性的价值实现能力。女性情感更细腻、心思更缜密、洞察需求和理解需求的能力水平也更高,从而更容易贴近顾客需求。领英的《中国新兴职业报告》研究结果指出,对于中国专业工作女性,特别是生育后的新兴技术工作女性来说,她们在柔性技能上有着独特优点,其最主要的优势就体现在情感细腻、耐心等处理细节的技能,同理心、理解力等人际沟通交流技巧,以及在事业中更多的责任心和使命感上,而这些在柔性技术方面的独特优势也会为女性带来更多的机会。

数字时代为女性提供了良好的创业环境、优越的创业条件。数字平台为女性创业提供了技术支撑。数字平台的开放式、自生长式和社会化分工模式为女性企业家搭建了专业技能、数据分析的学习平台,大大降低了她们创业和掌握技术的难度,让她们能够随时随地掌握世界市场资讯、了解创业原始数据,减少寻找商业机会的时间。《2020年创业信心调查报告》表明,在新创业者中,有创新意愿的女性人口占比达 55％,超过了男性人口的 51％。数字经济时代,女性创业规模不断增长。第四次全国经济普查显示,截至 2018 年末,女性创业人员比例已经达到 37.7％。阿里研究院发布的《女性创业社会责任大数据》研究报告表明,在阿里网站中,女性创业者的占比已经超过 49.25％。

第四节　数字技术丰富了女性的求职、就业内容

数字经济赋予女性开拓事业的新机遇,为女性打破传统领域壁垒提供了可能。借助数字经济力量,女性可以不必进入传统企业或固定工作场所,就能实现自主就业、创业。数字经济时代的各种新行业、新方式,如在线教育、家政到家平台、电商直播、互联网客服、外卖物流业务等,也开始变成增加就业机会数量、吸引社会劳动力的重点行业。

一、在线教育

2020 年来势汹汹的新冠疫情迅速蔓延全国,严重影响了广大民众正常的工作生活与学业,教育部也给出了"停课不停学"的政策鼓励。国内各地高校响应政策号召,开始通过线上授课的方式进行教学创新。而中国在线教学市场也以此为契机进行了加速开发,逐渐形成与线下实践教学并行的新型模式。截至 2020 年底,中国的在线教学用户数量已达到 342 亿人,占据了中国网民总数的 34.6％。中国在线教学产业迅速成长的同时,也形成了吸引大量求职人员的巨大蓄水池。2020 年 3 月,国务院发展与改革委员会与六个单位共同召开视频会议,指出要注重发挥在线教育、智慧体育、智能家庭等在经济社会发展领域中就业能力巨大、引领功能明显的特色优势。我们可以看到,经过快速发展,在线教育行业已经成为一个体量巨大、影响力极大的

行业。

女性教师凭借耐心、细致和富有责任心的优势,在教育行业占据多数比例,一直都是教育行业的主力军。猎聘大数据显示,2019年,女性教师在市场化教育培训行业中,占比69.26%,市场化教师队伍呈现出明显女多男少的特点。线上教育行业对人才的极大需求,无疑为女性就业提供了大量岗位,对于吸纳女性大学生就业有积极作用。在当前大学生就业岗位竞争激烈的背景下,在线教育可以为女性大学生提供一条可供选择的职业路径,缓解其就业压力。

二、家政服务

随着中国城镇化的逐步深入、城乡居民生活水平的改善以及中国人口老龄化趋势的加速,家政服务行业也将成为中国现代服务业不可分割的重要部分。现代家政服务不再局限于以往的家庭清洁、搬家、保姆等劳动类服务,而更多地涉及育婴、教育、收纳等知识技能型服务。2019年6月,国务院办公厅出台了《关于促进家政服务业提质扩容的意见》,明确提出要促进家政服务业提质扩容,实现高质量发展。中国大数字经济平台建设,对促进现代家政服务专业化、信息化、规范化工作的全面开展,将具有重大意义。在现代中国,由于女性拥有着感情细腻、耐心、亲和力等优点,因此家政服务行业也逐渐变成了中国女性就业的"优势行业"。根据《天鹅到家"她经济"报告》,家政从业人员中女性占比99%以上,是女性就业的"优势行业"。用"阿姨"这一名词指代家政从业人员,可谓"名副其实"。

社会需求多元化,推动了家政服务市场不断细分,对家政从业者的综合素质、技能水平提出了更高要求。当前,家政服务行业所涵盖的细分领域共有20多个类别、200余种服务,同时睡眠辅导员、收纳员、营养师等一些新兴岗位也随之而来。如今,更多的高学历人士进入家政行业。

国家层面的高度重视、市场需求的日益增长,以及薪酬福利的优越性越来越明显,更多的女性把家政服务工作视为职业生涯成长和再就业机会的首选。在对天鹅到家家政服务人员就业质量调查中,关于为何选择进入家政服务行业,"愿意把家政服务当成一种职业来做"排在第一位,"收入可观"是第二大因素。77.8%的家政人员对在平台工作感到满意,60.8%的家政人员表示在遇到劳动纠纷时,会选择向平台提出申请,采用第三方协调的机制,通过平台来保障自己的劳动权益。

三、电商直播

自 2016 年平台上线直播购物功能以来,电商直播发展迅速。2019 年,电商直播呈现出爆发式增长的态势。电商直播作为一种新型的销售方式,与传统电商的产业特点相比,不仅带动了由产品交易关联的上下游行业的就业,而且催生了一系列新就业形态,提供了大量就业机会。2020 年 5 月,"互联网营销师"被正式纳入国家发布的新职业。据《淘宝直播就业测算与新就业形态研究报告》测算,淘宝直播带动直接和间接就业机会共 173.1 万个,其中新型岗位就业机会共 70.9 万个。"门槛低""薪资高""需求大",电商直播行业持续吸引大量人才加入赛道。其中,最吸引眼球的主播岗位从业者以年轻女性为绝对主体,比例高达 78.2%。同时,有 48.1%的主播年龄在 25 岁以下,31.3%的主播学历在中专及以下。女性不光在主播岗位上大受欢迎,运营、技术、商务等幕后岗位同样吸引女性群体贡献力量。在直播相关岗位的求职者中,女性以 55.23%的占比超越男性,性别平均分布也意味着直播行业进入良性循环发展周期。

看似风光的直播工作背后,是对人才综合能力的考量。直播需要场控管理能力、招商能力、互动能力、带货能力、官方活动运营能力等多方面能力。抖音电商发布的《2021 抖音电商女王节数据报告》显示,抖音平台上,带货达人总数中女性占比为58％,在抖音"女王节"活动期间,女性达人带货销售额占全部抖音达人销售额的64％,非遗技术传承人、电视主持人、家庭主妇等各领域的女性群体,通过平台实现创业和就业,并带动了更多女性获得收入,翻开了事业新篇章。

四、网络客服

网络客服是通过互联网数据、产品和机制,将分散在不同地点的劳动力资源进行连接,实现线上客服的众包服务模式。只要能够上网,经过培训后,网络客服人员就可以实现在家工作。阿里巴巴云客服诞生于2010年。该项目覆盖了不同职业背景、专业和学历的劳动者,通过阿里平台客服专业技能的培训,都可以实现在家灵活就业。截至2020年底,阿里云的服务业务已累计培训人员达到35万人,从业人员达到11万人。阿里云客服工作人员以在家照顾婴幼儿的年轻母亲、大学生以及就业困难群体为主。互联网服务从业者可以完全不受时间、地理因素的约束,只需要一个接入网络的设备,时间弹性,可以按时选班、轮班,工作活动自由随意。

五、外卖配送

数字经济的发展也推动了"互联网＋服务业"的发展,而巨大的市场需求也使得外卖配送员群体规模增长迅速。外卖配送员是指在通过移动或互联网平台接收、验视客户的订单之后,根据订单需求,按照平台智能规划路线,在一定时间内将订单或物品递送至指定地点的服务人员。外卖配送为社会提供了大量就业机会。《2019年外卖骑手就业扶贫报告》表明,在2019年有近398.7万名外卖骑手通过网络求职取得了增收成果,而截至2019年底,累计已有近720万名外卖骑手通过网络平台完成了求职增收,并有效促进了社会就业的发展。对于女性来说,外卖配送具有灵活就业特点,有利于她们融入城市,打开职业通道。《2020 年外卖骑手职业报告》显示,中国 2020 年有约 600 万名外卖骑手,其中约 13%是女性,并且女性群体有不断增长的趋势。

六、电子商务

近年来,伴随着移动互联网的普及以及电子商务的不断下沉,农村电商市场愈发活跃,在为人们消费带来便捷的同时,也为农民增加了新的创收渠道,促进农村的产业兴旺。2015 年,国务院印发的《关于支持农民工等人员返乡创业的意见》指出,引导和鼓励电子商务交易平台渠道下沉,带动返乡人员依托平台和经营网络创业。农村电商的发展带动了返乡创业就业的热潮,缓解了农村人口就业压力。"淘宝村"是农村电子商务的典型代表。2009 年"淘宝村"首次提出时,全国仅 3 个淘宝村。到 2020 年,全国已发展出 5425 个淘宝村,1756 个淘宝镇。"淘宝村"的快速扩张凸显了农村地区电商创业的热情,同时也带动了更多的就业机会。据测算,下一个十年全国"淘宝村"将超过 2 万个,将带动超过 2000 万个就业机会。

数字贸易是数字经济的重要组成部分,也是数字经济国际化的最主要体现。随着中国的数字基础设施和供应链体系趋向完备,同时受海外消费市场多重因素的推动,中国出海企业迎来新一轮增长机会。当前,全球消费需求加速转往线上,数字化正在重构国际贸易运营模式,跨境电商迎来了难得的发展机遇,成为我国外贸的亮点。跨境电商的发展为女性提供了超越国界、链接全球的创业机会,可以帮助女性拓宽视野,增加社会资本。在全球女性创业比例大幅上升的今天,跨境电商领域对女性商家有着巨大的吸引力。

第五节　数字经济推动女性工作—生活平衡度提高

平衡家务和工作仍然是女性职业成长面临的主要困难和焦虑根源,在家庭和工作的冲突上,母职角色仍然让女人分身两难。数字经济可以创造出更多实现家庭与工作兼顾的有效方法,以避免女性因职业发展而不能全身心融入家庭,甚至因家庭发展而全身脱离劳动力市场。数字经济的发展也可以帮助女性减轻家庭负担。网购、外卖,以及在网上支付各种账单等网络行为可以缩短家务劳动的时间,让女性可以把更多的精力倾注到事业上,从而更好地实现家庭与事业的平衡。

数字技术的不断进步降低了女性求职的搜寻成本和交易成本,提升了劳动力市场的资源配置效率。同时企业办公场所也越来越不受地理位置的限制,居家办公逐渐成为一种新趋势。这种变革可以节省通勤时间,让女性能够同时执行多个工作和生活任务,还能充分利用碎片化时间,实现在工作和生活角色上的快速灵活化转换。本书对爱库存平台的调研显示,该平台女性比例高达99.23%。在成为专职平台从业者之前,专职宝妈的比例高达48.19%,即该平台的灵活就业是近一半的女性的第一份工作。

数字经济降低职业性别隔离水平。不同性别的劳动者集中在不同的职业,是工业化国家的普遍现象,也是劳动力市场上性别差异的重要原因之一。数字经济减少了男性在体力方面的优势,同时凸显了女性耐心、细心等特质的价值。在一些数字经济相关工作中,男性价值下降和女性价值上升,推动某些典型的"男性"职业开始向性别更加平衡的方向发展,由此推动职业性别隔离程度减缓。

数字经济推动传统行业平台化、组织化,提升传统行业中从业女性的价值。传统的非正规就业部门中,女性从业者的组织化程度低,无法实现规模效应与规范发展。通过平台组织以及数字技术赋能,能够使更多非正规就业部门的女性劳动者分享数字经济发展的红利。以家政服务业为例,该领域是我国女性较为聚集的领域的一种,但也是正规化水平较低,且从业人员年龄和职业化水平低下的典型领域。中国目前有70多万家家政公司,大多采取单一的经营手段和运作方式开展业务,是服务行业中"小散乱、服务质量参差不齐、安全无保障"的典型代表。随着数字经济发展,该行业也开始使用数字平台的方式进行组织。天鹅到家是一家以"互联网 + 家政"模式为核心的平台。该平台借助数字技术实现移动派单、智能匹配、自动调度等来提升平台的运营效率,改造传统家政服务,实现了线上线下融合闭环管理,可以实现在线选阿姨、视频面试、电子签约、在线支付、自动投保、在线体检、上下户确认、在线领工资、在线退款/理赔等各类功能。该平台为家政从业者定做了家政 App"阿姨一点通"。尽管大部分家政阿姨年龄在40—50岁且学历层次普遍不高,但都通过"阿姨一点通"App 实现学习培训、在线找工作等。

第六节　数字经济提升了女性的社会资本和家庭地位

女性在价值观与社交方面的特性,导致她们相较于男性在获取社交成本方面处于相对劣势,从而降低了她们的创业风险承受度。然而,数字经济作为一种新兴的经济形态,为女性提供了前所未有的机遇,能够显著拓展其社会网络空间,进而提升其社会资本,有效改善女性劳动者的生活及工作质量。不容忽视的是,女性由于生理特征的天然差异,长期承担着生育与抚养后代的重任,这使得她们在平衡家庭与工作方面时常面临挑战。

传统的"男主外,女主内"的社会思想更是加深了这种困境,导致女性的社会资本往往只能通过她们的社会活动和人际关系网络来形成,而社会利益的实现也往往依赖于她们的社会身份。这种现状不仅阻碍了女性经济与社会地位的提升,甚至在某些情况下使女性处于相对劣势地位,从而加剧了性别歧视现象。然而,数字经济的崛起为女性改变这一现状提供了新的可能。通过数字平台和网络技术,女性可以更加便捷地建立和维护社会关系,拓展自己的社交圈层,进而提升社会资本。同时,数字经济也为女性提供了更多的就业和创业机会,使她们能够在家庭和工作之间找到更好的平衡点。此外,数字经济还打破了传统社会结构和观念的束缚,为女性提供了展示自我、实现自我价值的新平台。

因此,我们应该充分认识到数字经济在促进女性发展方面的重要作用,积极推动数字经济的发展和应用,为女性创造更加公平、包容、有利于其成长和发展的社会环境。同时,我们也需要加强对女性的教育和培训,提升她们的数字素养和技能水平,使她们能够更好地适应数字经济时代的需求和挑战。此外,我们还应倡导社会观念的转变,打破性别刻板印象和偏见,推动性别平等文化的形成和发展。

通过政策引导、社会宣传等多种手段,我们可以逐步改变人们对女性角色的传统认知,鼓励女性积极参与社会活动和经济建设,发挥她们在各个领域中的独特优势和价值。在数字经济时代,女性不仅可以通过网络平台展示自己的才华和技能,还可以通过参与电子商务、在线教育、远程办公等新型业态实现自我价值的提升和经济收入的增加。同时,女性也可以通过数字技术加强与家人、朋友、同事等的社交联系,丰富自己的精神文化生活,提高生活质量。

总之,数字经济为女性发展提供了新的机遇和挑战。我们应该抓住这一历史机遇,积极推动数字经济的发展和应用,为女性创造更加公平、包容、有利于其成长和发展的社会环境。同时,我们也需要加强对女性的教育和培训,提升她们的数字素养和技能水平,使她们能够更好地适应数字经济时代的需求、应对时代的挑战,实现自身价值的最大化。

第七节　女性在数字经济中探索新的职业路径

自 2019 年以来,人力资源和社会保障部顺应时代潮流与市场需求,陆续发布了共计 56 个新职业。这些职业广泛分布于制造业、餐饮、建筑、金融、环保以及新兴服务业等多个领域,充分展示了职业领域的多样性与创新性。同时,还有许多尚未被纳入国家职业标准目录的新职业正在悄然兴起并逐渐走向成熟。这些新职业不仅反映了社会经济的发展趋势,也为女性就业者提供了更为广阔的职业发展空间。众多新职业的出现与数字经济的蓬勃发展紧密相连。随着数字化技术迅速渗透到各行各业,企业对于数字化转型的需求愈发迫切,这也催生了一系列与数字经济相关的新职业,如数字化管理师、在线学习服务师、全媒体运营师等。这些新职业不仅市场空间广阔,而且从业人员市场需求量大,为女性从业者提供了更多就业机会。

事实上,女性在数字经济领域的发展势头强劲,不少新职业已成为女性就业的新热点。以支付宝的人工智能训练师为例,其中62.3%的从业者都是女性;在云客服领域,女性更是占据了高达72%的比例;而在村淘电商主播中,女性也占据了半壁江山,占比达到了53%。这些数据充分证明了女性在数字经济领域的就业优势和潜力,也进一步说明了新职业为女性就业者提供了更多选择和机会。新职业的出现不仅丰富了女性的职业选择,也为她们带来了更好的薪酬待遇和更大的职业发展空间。

通过参与这些新职业,女性能够充分发挥自己的才能和潜力,实现自我价值和社会价值的双重提升。同时,这些新职业也为女性提供了更多展示自我、挑战自我的机会,有助于推动女性在职场中的地位和影响力不断提升。当然,我们也应看到,女性在数字经济领域的发展仍面临一些挑战和困难。例如,部分新职业可能存在技能门槛较高、竞争激烈等问题,需要女性不断提升自身素质和技能水平以应对挑战。此外,女性在职场中的权益保障和职业发展机会等方面仍需进一步关注和改善。

因此,我们需要从多个方面入手,推动女性在数字经济领域实现更好发展。首先,政府和社会应加强对新职业的宣传和推广,提高女性对新职业的认知度和参与度。其次,教育机构和企业应加大对女性职业技能培训的支持力度,帮助她们提升就业竞争力和职业发展能力。最后,我们还应建立健全女性在职场中的权益保障机制,为她们提供更加公平、公正的职业发展环境。总之,随着数字经济的不断发展和新职业的不断涌现,女性就业者将迎来更多机遇和挑战。我们应抓住这一历史机遇,积极推动女性在数字经济领域实现更好发展,为构建更加平等、包容的社会贡献力量。

本章小结

本章结合第五章数字经济促进女性高质量就业的动力机制框架模型,基于打破时空束缚、增加社会和人力资本、减少工作性别歧视等三个核心层面,探索数字经济赋能女性高质量就业的路径。数字经济推动了我国劳动力市场的就业结构发生巨大变化,促进了女性群体的就业和创业,增加了众多女性友好型的灵活就业岗位,丰富了女性就业创业的内容,还进一步帮助女性平衡工作和家庭的关系,提升女性的社会资本和家庭地位等。可见,数字经济的发展大大推动和促进了女性的高质量就业,为广大女性群体的就业和创业提供了灵活多样的选择,促进了全社会的共同进步。当然,本章的研究还存在一些不足之处,比如数字经济对女性高质量就业的路径演绎还不够清晰,理论研究的深度和系统性也仍需提高。

第九章 数字经济赋能女性高质量就业的建议措施

　　针对这些发现,我们建议政府、企业和社会各界共同努力,加强女性数字技能培训和普及,推动数字经济领域的性别平等和包容性发展。同时,女性自身也应积极拥抱数字经济,不断提升自身技能和竞争力,以更好地适应这一时代变革。展望未来,数字经济将继续深入影响女性就业格局。随着技术的不断进步和政策的不断优化,我们有理由相信,女性将在数字经济时代发挥更加重要的作用,实现更加平等和可持续的就业发展。

第一节 政府层面的政策措施

　　在数字经济快速发展的时代背景下,女性高质量就业面临着新的机遇与挑战。政府作为社会发展的引领者和公共政策的制定者,在推动数字经济赋能女性高质量就业方面肩负着重要的责任。通过制定和实施一系列有针对性的政策措施,政府能够为女性创造更加公平、有利的就业环境,提升女性在数字经济领域的就业质量,增加女性的职业发展机会。

一、加强数字基础设施建设

为了促进数字经济的广泛普及和女性在其中的参与,政府应大力加强数字基础设施建设。加大对高速宽带网络、移动通信基站、数据中心等基础设施的投资,确保城乡地区都能享受到稳定、高速的网络连接。尤其要关注农村和偏远地区,缩小数字鸿沟,使女性无论身处何地都能平等地融入数字经济。

同时,推动智能终端设备的普及,通过补贴、优惠政策等方式降低智能手机、平板电脑和电脑等设备的价格,提高女性拥有和使用数字设备的比例。加强数字基础设施的维护和升级,建立健全网络安全保障体系,为女性在数字经济中的就业和创业提供安全可靠的技术环境。

二、制定和完善促进女性数字就业的规章制度

政府应当制定和完善专门针对女性在数字经济中就业的规章制度,明确保障女性的平等就业权利。禁止在数字经济相关岗位招聘中存在性别歧视行为,规定用人单位在招聘信息发布、面试、录用等环节必须遵循性别平等原则。对违反性别平等法律法规的企业和个人,设定明确的法律责任和处罚措施。

同时,加强对女性在数字就业中的劳动权益保护。例如,规范数字平台用工形式,明确平台企业对劳动者的责任和义务,保障女性劳动者在工作时间、工资待遇、社会保险、职业安全等方面的合法权益。制定关于远程办公、灵活就业等新型就业模式的法律法规,适应数字经济时代的就业特点,为女性提供更加灵活和有保障的就业环境。

三、提供数字技能培训和教育支持

为了提升女性的数字素养和技能水平,政府应加大对数字技能培训和教育的投入。设立专门的女性数字技能培训项目,根据女性的特点和需求,开发有针对性的培训课程。这些课程可以涵盖数字营销、电子商务、数据分析、编程、人工智能等领域,帮助女性掌握数字经济所需的核心技能。

加强与职业院校、高等院校和在线教育平台的合作,推动数字技能教育纳入学校教育体系。鼓励学校开设与数字经济相关的专业和课程,为女性提供更多接受正规数字教育的机会。提供培训补贴和奖学金,鼓励女性积极参与数字技能培训和继续教育,减轻她们的经济负担。

此外,建立数字技能认证体系,为女性获得的数字技能提供权威认证,提高其在就业市场上的竞争力。政府还可以组织开展数字技能竞赛和实践活动,激发女性学习数字技能的积极性和创新能力。

四、推动女性创业创新

政府应积极推动女性在数字经济领域的创业创新。设立女性创业专项基金,为有创业意愿和潜力的女性提供资金支持。降低女性创业的融资门槛,提供优惠的贷款政策和担保服务,解决女性创业资金短缺的问题。

建立女性创业孵化基地和众创空间,为女性创业者提供办公场地、设备设施、技术支持、创业指导等一站式服务。举办女性创业大赛和创业交流活动,搭建女性创业项目展示和资源对接的平台,促进创业经验分享和合作机会的产生。加强对女性创业创新的知识产权保护,加大执法力度,保障女性创业者的创新成果和合法权益。

五、建立性别平等的就业服务体系

政府应建立健全性别平等的就业服务体系，为女性在数字经济中的就业提供全方位的支持。加强公共就业服务机构的建设，配备专业的就业指导人员，为女性提供个性化的职业规划、求职技巧培训、岗位推荐等服务。

建立女性就业信息数据库，收集和分析女性的就业需求、技能状况和职业意向，实现就业信息的精准匹配和推送。开展针对女性的专场招聘会和网络招聘活动，提高女性的就业机会和就业效率。

加强对女性就业的跟踪服务和权益保障，及时解决女性在就业过程中遇到的问题和纠纷。建立劳动监察机制，监督用人单位的招聘和用工行为，确保女性在就业中不受性别歧视和不公平待遇。

六、优化税收和财政政策

政府可以通过优化税收和财政政策，激励企业吸纳女性就业和支持女性数字职业发展。对积极招聘女性员工、为女性提供数字技能培训和职业发展机会的企业，给予税收减免、财政补贴等优惠政策。例如，对女性员工占比达到一定比例的企业，给予企业所得税的减免；对为女性员工提供数字培训的企业，给予培训费用的补贴。

设立专项资金，用于支持数字经济领域女性就业的相关项目和活动，如女性数字技能培训项目、女性创业扶持项目、女性就业服务平台建设等。同时，加大对数字经济产业的财政投入，促进产业发展，创造更多适合女性的数字就业岗位。

七、加强宣传和引导

政府要加强对数字经济赋能女性高质量就业的宣传和引导,营造有利于女性发展的社会氛围。通过主流媒体、社交媒体、公益广告等多种渠道,广泛宣传女性在数字经济中的成功案例和突出贡献,树立女性数字就业的榜样,改变社会对女性职业能力的传统认知和偏见。

开展性别平等教育和数字经济普及活动,提高社会公众对性别平等和数字经济的认识和理解。鼓励家庭成员支持女性参与数字经济就业,减轻女性在家庭和职业之间的平衡压力。

此外,政府部门应发挥示范引领作用,在公务员招录、政府采购等方面,积极推动性别平等,为社会树立良好的榜样。

八、建立监测评估机制

为了确保政策措施的有效实施和持续改进,政府应建立监测评估机制。制定明确的指标体系,对女性在数字经济中的就业规模、就业质量、职业发展、劳动权益保障等方面进行监测和评估。定期发布女性数字就业状况报告,向社会公开相关数据和信息,接受公众监督。

同时,建立政策评估制度,对出台的促进女性数字就业的政策措施进行定期评估和调整。根据监测和评估结果,及时发现政策实施过程中存在的问题和不足,针对性地进行改进和完善,不断提高政策的有效性和适应性。

九、加强国际交流与合作

在全球化的背景下,数字经济的发展跨越国界。政府应加强与其他国家和国际组织在促进女性数字就业方面的交流与合作。学习借鉴国际上先进的经验和做法,结合本国实际情况进行创新和应用。

参与国际合作项目和倡议,共同推动女性在数字经济中的平等就业机会和职业发展。通过国际交流与合作,提升我国在女性数字就业领域的国际影响力,为全球女性在数字经济时代的发展贡献中国智慧和中国方案。

总之,政府在数字经济赋能女性高质量就业方面具有不可替代的作用。通过加强数字基础设施建设、完善规章制度、提供培训教育支持、推动创业创新、建立就业服务体系、优化政策、加强宣传引导、建立监测评估机制以及加强国际交流合作等一系列政策措施的实施,政府能够为女性在数字经济中创造更加广阔的发展空间,实现女性高质量就业的目标,促进经济社会的可持续发展和性别平等的进一步实现。

第二节　社会组织的协同并进

在数字经济蓬勃发展的时代背景下,女性高质量就业面临着前所未有的机遇与挑战。社会组织作为社会力量的重要组成部分,在促进女性高质量就业方面发挥着不可或缺的作用。通过协同合作、资源整合和创新服务,社会组织能够为女性创造更加公平、包容和有利的就业环境,助力她们在数字经济中实现自身价值和职业发展。

一、加强社会组织之间的合作与交流

社会组织应积极打破壁垒,建立广泛的合作网络。不同类型的社会组织,如行业协会、公益组织、妇女组织等,可以通过定期举办联合会议、研讨会和论坛等活动,分享经验、交流信息,共同探讨数字经济下女性就业的热点问题和解决方案。例如,行业协会可以与妇女组织合作,开展针对特定行业的女性数字技能培训项目。行业协会了解行业需求和发展趋势,能够提供精准的培训内容和实践机会;妇女组织则擅长组织和动员女性参与,能够确保培训的覆盖面和参与度。这种合作既提高了女性的数字技能水平,又满足了行业对人才的需求,实现了双赢。

同时,社会组织还可以建立信息共享平台,及时发布数字经济领域的就业政策、岗位信息、培训资源等,为女性提供便捷、准确的就业服务。此外,合作开展调研活动,深入了解女性在数字经济就业中的困难和需求,为政府制定相关政策提供数据支持和建议。

二、提升服务能力和专业水平

社会组织要不断提升自身的服务能力和专业水平,以更好地满足女性在数字经济就业中的多样化需求。一方面,加强组织内部的人才队伍建设,吸引和培养一批具有数字经济知识、就业服务经验和性别平等意识的专业人才。通过组织内部培训、外部进修和实践锻炼等方式,提高工作人员的业务能力和综合素质。另一方面,加强与高校、科研机构的合作,借助其专业的研究力量和学术资源,开展关于数字经济与女性就业的课题研究,为服务实践提供理论指导。例如,社会组织可以与高校合作设立研究项目,深入分析数字经济中不同行业对女性人才的需求特点和能力要求,开发针对性的职业培训课程和就业指导方案。同时,社会组织还应建立完善的服务质量评估机制,定期对服务效果进行评估和反馈,不断改进服务内容和方式,提高服务的满意度和有效性。

三、创新服务模式和项目

为了适应数字经济的发展特点,社会组织需要不断创新服务模式和项目。利用互联网、大数据、人工智能等技术手段,打造线上线下融合的服务平台,为女性提供更加便捷、高效的就业服务。例如,开发线上职业培训课程,让女性可以随时随地学习数字技能;建立线上就业咨询平台,通过智能客服和专家在线解答女性在就业过程中的疑问;利用大数据分析女性的就业偏好和能力特点,精准推送适合的岗位信息。

此外,社会组织还可以开展特色项目,如"数字巾帼创业计划""女性数字工匠培育工程"等,为有创业意愿和潜力的女性提供创业指导、资金支持和资源对接,培养一批女性数字经济领域的创业者和创新人才;为从事数字技术工作的女性提供技能提升、职业发展规划等服务,打造女性数字技术人才的品牌。

四、积极参与政策制定和监督

社会组织应积极参与数字经济相关政策的制定和监督,为女性高质量就业争取更多的政策支持和保障。通过参与政策制定的听证会、座谈会等,反映女性在数字经济就业中的诉求和问题,提出具有针对性和可操作性的政策建议。例如,建议政府加大对女性数字技能培训的投入,设立专项补贴资金;出台鼓励企业招聘女性数字人才的优惠政策,如税收减免、贷款优惠等;建立健全数字经济领域的性别平等评估机制,监督企业在招聘、晋升等环节的性别平等情况。

同时,社会组织还可以对政策的执行情况进行监督和评估,及时发现问题并向政府部门反馈,推动政策的完善和落实。通过社会组织的积极参与,能够促使政策更加贴近女性的实际需求,为女性在数字经济中高质量就业创造良好的政策环境。

五、加强与企业的合作

社会组织要加强与企业的合作,共同促进女性在数字经济中的就业。一方面,社会组织可以与企业建立合作关系,开展定制化的培训项目,根据企业的岗位需求为女性提供有针对性的培训,提高女性的就业竞争力。例如,与电商企业合作,开展电商运营、网络营销等方面的培训,为女性提供在电商领域就业的机会;与软件开发企业合作,开展编程、数据分析等方面的培训,培养女性数字技术人才。另一方面,社会组织可以协助企业建立有利于女性职业发展的企业文化和管理制度。通过开展性别平等培训、制定灵活的工作制度、提供育儿支持等措施,消除企业内部的性别歧视和职业发展障碍,为女性创造公平的职业发展环境。此外,社会组织还可以鼓励企业设立女性专属的实习岗位和就业项目,为女性提供更多的实践机会和职业起点。

六、开展宣传教育活动,提高社会对女性数字经济就业的认知

社会组织应通过多种渠道和形式,开展宣传教育活动,提高社会对女性数字经济就业的认知和重视程度。利用社交媒体、网站、公众号等平台,宣传女性在数字经济领域的成功案例和先进事迹,展示女性的创新能力和职业成就,打破传统观念对女性职业选择的限制。例如,举办"数字经济中的女性力量"主题展览,展示女性在数字金融、电子商务、数字内容创作等领域的突出贡献;开展"女性数字创业之星"评选活动,表彰优秀的女性创业者,激发更多女性的创业热情。同时,社会组织还可以组织开展数字经济知识普及活动,提高女性对数字经济的了解和认识。

通过举办讲座、培训课程、线上直播等活动,向女性介绍数字经济的发展趋势、就业机会和创业前景,帮助她们树立正确的职业观念和发展目标。此外,社会组织还应加强对性别平等观念的宣传教育,倡导社会各界消除性别歧视,营造支持女性在数字经济中就业创业的良好社会氛围。

七、建立健全监督管理机制

社会组织自身应加强自律,建立完善的内部管理制度和财务制度,定期公开服务内容、财务状况等信息,接受社会监督。此外,建立社会组织的评估机制,对其服务效果、社会影响力等进行综合评估,对于表现优秀的社会组织给予表彰和奖励,对于不达标的社会组织进行整改或淘汰。

建立健全监督管理机制,能够提高社会组织的规范化水平和服务质量,保障其在数字经济赋能女性高质量就业的过程中持续健康发展。

总之,社会组织的协同并进是推动数字经济赋能女性高质量就业的重要力量。通过加强合作与交流、提升服务能力、创新服务模式、参与政策制定、加强与企业合作、开展宣传教育活动以及建立健全监督管理机制等措施,社会组织能够充分发挥自身优势,为女性在数字经济中创造更多的就业机会和发展空间,促进女性高质量就业,实现性别平等和社会的可持续发展。

第三节　用人单位的推进落实

在数字经济时代,用人单位在促进女性高质量就业方面扮演着至关重要的角色。为了充分发挥数字经济对女性就业的赋能作用,用人单位需要积极采取一系列措施,推动女性在工作场所中获得平等的机会和充分的发展。

一、树立性别平等的企业文化

用人单位应当将性别平等理念融入企业文化的核心价值观中。通过内部宣传、培训和交流活动,向全体员工传达性别平等的重要性和意义,消除性别偏见和歧视。例如,举办关于性别平等的主题讲座、工作坊,邀请专家学者或成功女性分享经验和观点,促使员工深刻理解性别平等对于企业发展的积极影响。

同时,制定明确的反性别歧视政策和行为准则,并将其纳入员工手册和企业规章制度中。对违反性别平等原则的行为进行严肃处理,确保企业内部的公平公正环境。在企业文化建设中,注重表彰和奖励那些在促进性别平等方面表现突出的团队和个人,树立榜样的力量,引导全体员工积极践行性别平等。

二、优化招聘与选拔机制

用人单位应建立公平、透明、科学的招聘与选拔机制,避免在招聘过程中对女性的隐性歧视。在制定招聘计划时,明确设定性别平等的目标和指标,确保女性在招聘中的合理比例。例如,对于某些技术岗位或管理岗位,如果女性应聘者比例过低,应深入分析原因并采取相应措施加以改进。

在招聘流程中,严格审查招聘信息,避免使用具有性别歧视倾向的语言和条件。确保招聘标准基于岗位所需的能力、知识和经验,而非基于性别的刻板印象。采用多元化的招聘渠道,扩大招聘范围,吸引更多优秀的女性人才。例如,积极参与女性专场招聘会,与女性职业社群建立合作关系,提高企业在女性求职者中的知名度和吸引力。

在选拔环节,采用客观、公正的评估方法和工具,确保选拔过程不受性别因素的干扰。为女性应聘者提供平等的面试机会和展示平台,鼓励她们充分发挥自身优势。对于在招聘和选拔过程中表现出性别歧视行为的面试官或相关人员，进行及时的教育和纠正。

三、提供多样化的培训与发展机会

为了帮助女性员工提升数字技能和职业能力，用人单位应提供丰富多样的培训与发展项目。根据女性员工的不同需求和职业发展阶段，定制个性化的培训课程，包括数字技术培训、领导力培训、沟通协作能力培训等。例如，针对新入职的女性员工，提供基础的数字工具和业务流程培训；对于有晋升潜力的女性员工，提供领导力提升和战略管理培训。

鼓励女性员工参加行业内的培训课程、研讨会和学术交流活动，拓宽视野，提升专业素养。支持女性员工在职进修和获得相关认证，为其提供必要的时间和资源支持。建立内部导师制度，为女性员工配对经验丰富的导师，提供职业指导和发展建议。同时，为女性员工创造跨部门、跨岗位的轮岗机会，帮助她们积累多元化的工作经验，提升综合能力。

此外，用人单位还应关注女性员工在职业发展中可能面临的特殊挑战，如职业中断后的再就业、生育后的职业回归等，为她们提供专门的培训和支持计划，帮助其顺利渡过难关，实现职业发展的连续性。

四、建立灵活的工作制度

为了适应数字经济时代的工作特点和女性员工的需求，用人单位应建立灵活的工作制度。推行弹性工作时间，允许女性员工根据个人情况合理安排工作时间。例如，允许女性员工在一定范围内自主选择上班和下班时间，或者采用错峰上班制度。

推广远程办公模式，为女性员工提供在家或其他非传统办公场所工作的选择。这不仅有助于降低女性员工的通勤成本和时间压力,还能提高工作的灵活性和自主性。在安排工作任务时,充分考虑女性员工的个人情况和需求,避免过度加班和工作压力过大。例如,对于有年幼子女需要照顾的女性员工,在工作安排上给予一定的照顾和倾斜。

建立带薪育儿假、陪产假和家庭照顾假等制度,支持女性员工在生育和照顾家庭期间能够安心休假,同时保障其职业发展不受影响。在女性员工休假期间,保持与她们的沟通和联系,提供必要的培训和支持,确保其能够顺利回归工作岗位。

五、营造公平公正的职业发展环境

用人单位要为女性员工营造公平公正的职业晋升通道和发展空间。在制定职业发展规划和晋升标准时,确保性别平等原则得到充分体现。消除因性别导致的职业发展障碍,让女性员工有平等的机会参与晋升竞争。例如,对于同等条件的女性和男性员工,给予相同的晋升机会和待遇。

建立公平的绩效考核体系,客观、全面地评估女性员工的工作表现和贡献。避免因性别偏见导致的评价不公,确保女性员工的工作成果得到公正的认可和回报。为女性员工提供平等的项目参与机会和领导岗位历练机会,培养和发掘她们的领导潜力。例如,在重要项目的团队组建中,积极吸纳女性员工参与,并给予充分的信任和支持。

加强对女性员工的职业发展辅导和支持,帮助她们明确职业发展方向,制定合理的职业发展规划。定期组织职业发展座谈会和一对一的职业辅导,解答女性员工在职业发展中遇到的困惑和问题。同时,建立内部的职业发展交流平台,促进女性员工之间的经验分享和互助成长。

六、关注女性员工的身心健康

用人单位应重视女性员工的身心健康,为她们提供良好的工作环境和福利保障。优化办公设施和工作条件,确保符合女性员工的生理和心理需求。例如,提供舒适的办公桌椅、充足的照明和良好的通风条件。

开展心理健康辅导和咨询服务,帮助女性员工应对工作压力和职业焦虑。定期组织心理健康讲座和培训,教授女性员工有效的心理调适方法和情绪管理技巧。关注女性员工的身体健康,提供定期的体检服务和健康咨询。为女性员工购买补充商业保险,涵盖女性常见疾病和生育相关的保障项目。

此外,用人单位还可以组织丰富多彩的员工活动,如瑜伽课程、健身活动、亲子活动等,促进女性员工的身心健康和团队凝聚力。在工作场所设置母婴室、休息室等设施,为女性员工提供便利和关怀。

七、加强与社会组织的合作

用人单位应积极加强与社会组织的合作,共同推动女性高质量就业。与行业协会、妇女组织等合作开展女性数字技能培训项目,提升女性员工的数字素养和就业能力。参与社会组织举办的促进女性就业的公益活动,展示企业的社会责任形象,吸引更多优秀女性人才加入。

与高校和科研机构合作,建立产学研合作机制,为女性大学生提供实习和就业机会。通过合作研究项目,探索数字经济时代女性职业发展的新模式和新路径。同时,用人单位还可以借助社会组织的力量,开展女性职业发展调研,了解行业内女性就业的现状和问题,为企业制定相关政策和措施提供参考依据。

八、建立监督与反馈机制

为了确保各项推进措施的有效落实,用人单位应建立完善的监督与反馈机制。成立专门的性别平等监督小组,定期对企业内部的性别平等状况进行监测和评估。收集女性员工的意见和建议,了解她们在工作中遇到的问题和需求,及时发现和解决可能存在的性别不平等问题。

建立公开透明的投诉渠道,鼓励女性员工对性别歧视行为进行举报和投诉。对投诉事项进行认真调查和处理,并及时向员工反馈处理结果。定期发布企业的性别平等报告,向社会公开企业在促进女性就业方面的举措和成效,接受社会监督。

同时,将性别平等相关指标纳入企业的绩效考核体系,对部门和个人在推进性别平等方面的工作进行量化评估和激励。通过建立有效的监督与反馈机制,不断改进和完善企业的性别平等政策和措施,确保女性员工在数字经济时代能够获得高质量的就业机会和职业发展。

综上所述,用人单位在数字经济赋能女性高质量就业的过程中肩负着重要的责任。通过树立性别平等的企业文化、优化招聘选拔机制、提供多样化培训发展机会、建立灵活工作制度、营造公平职业发展环境、关注女性员工的身心健康、加强与社会组织合作以及建立监督与反馈机制等一系列措施的推进落实,用人单位能够为女性员工创造更加公平、包容和有利的就业环境,充分发挥女性在数字经济中的潜力和优势,实现企业与女性员工的共同发展和进步。

本章小结

本章针对数字经济促进女性高质量就业创业过程中尚存在的不

足,从政府层面、社会组织层面和用人单位层面,系统提出建议措施。政府层面主要是为女性创造更加公平、有利的就业环境,提升女性在数字经济领域的就业质量,增加女性的职业发展机会,具体政策措施包括加强数字基础设施建设、制定和完善促进女性数字就业的法律法规、提供数字技能培训和教育支持等。社会组织主要是为女性创造更加公平、包容和有利的就业环境,助力她们在数字经济中实现自身价值和职业发展,具体措施包括加强社会组织之间的合作与交流、提升社会组织的服务能力和专业水平、创新社会组织的服务模式和项目、推动社会组织参与政策制定和监督等。用人单位主要是推动女性在工作场所中获得平等的机会和充分的发展,具体措施包括树立性别平等的企业文化、优化招聘与选拔机制、为女性提供多样化的培训与发展机会等。

参考文献

[1]ABS. Measuring digital activities in the Australian economy [R]. 2019.

[2]Acemoglu D, Restrepo P, The race between man and machine: Implications of technology for growth, factor shares, and employment [J]. American Economic Review, 2018 (6): 1488-1542.

[3]Autor D H, Levy F, Murnane R J. The skill content of recent technological change: An Empirical Exploration [J]. Quarterly Journal of Economics, 2003(4): 1279-1333.

[4]Autor D H. Why are there still so many jobs? The history and future of workplace automation [J]. Journal of Economic Perspectives, 2015(3): 3-30.

[5]Barefoot K, Curtis D, Jolliff W, et. al. Defining and measuring the digital economy [M]. Washington, DC: US Department of Commerce Bureau of Economic Analysis, 2018.

[6]Biagi F, Falk M. The impact of ICT and e-commerce on employment in Europe[J]. Journal of Policy Modeling, 2017(39): 1-18.

[7]Bloom N, Liang J, Roberts J, et. al. Does working from home work? Evidence from a Chinese experiment[J]. The Quarterly

Journal of Economics,2015(1):165-218.

[8]Brynjolfsson E, Kahin B. Understanding the digital economy: Data, tools, and research [M]. Cambridge, MA: MIT press,2002.

[9]Böhm M J. The price of polarization:Estimating task prices under routine-biased technical change[J]. Quantitative Economics,2020 (2):761-799.

[10]Elsby M W L, Shapiro M D. Why does trend growth affect equilibrium employment? A new explanation of an old puzzle[J]. American Economic Review,2012(4):1378-1413.

[11] Fossen F M., Sorgner A. New digital technologies and heterogeneous employment and wage dynamics in the United States:Evidence from individual-level data[R]. IZA-Institute of Labor Economics, 2019.

[12] Frey C B, Osborne M A. The future ofemployment:How susceptible are jobs to computerisation? [J]. Technological forecasting and social change,2017(114):254-280.

[13]Fuior E, Zavatki T. Digital economy and economic growth[J]. Economy Transdisciplinarity Cognition,2022(2):35-42.

[14]Goos M, Manning A, Salomons A. Job polarization in Europe [J]. American Economic Review,2009(2):58-63.

[15] Hui K L, Chau P Y K. Classifying digital products[J]. Communications of the ACM,2002(6):73-79.

[16]Kuhn P, Mansour H. Is internet job search still ineffective? [J]. The Economic Journal,2014(581):1213-1233.

[17] Lanz R, Lundquist K, Mansio G, et al. E-com merce and developing country-SME participation in global value chains[Z]. WTO Staff Working Papers,2018.

[18]Lechman E，Kaur H. Economic growth and female labor force partici-pation-verifying the U-feminization hypothesis. New evidence for 162 countries over the period 1990-2012［J］. Economics & Sociology,2015(1):246-257.

[19］Mesenbourg T L. Measuring the digital economy［R］. US Bureau of the Census,2001.

［20］Miller P，Wilsdon J. Digital futures — An agenda for a sustainable digital economy ［J］. Corporate Environmental Strategy,2001(3):275-280.

[21]OECD. Bridging the digital genderdivide：Include，upskill innovate［EB/OL］.（2018-09-23）［2019-02-01］. https://www.researchgate. net/publication/329144162_Bridging_the_digital_gender_divide_Include_upskill_innovate/download.

[22]OECD. Enhancing job quality in emerging economies［M］// OECD Employment Outlook 2015. Paris：OECD Publishing，2015.

［23］Ojanperä S，Graham M，Zook M. The digital knowledge economy index：Mapping content production［J］. The Journal of development studies,2019(12):2626-2643.

[24]Stevenson B. The internet and job search［Z］. NBER，2008.

[25]Tapscott D. The Digital Economy：Promise and peril in the age of networked intelligence［M］：New York：McGraw-Hill,1996.

[26]Tapscott D. The digital economy：Promise and peril in the age of networked intelligence［M］. New York：McGraw-Hill,1994.

［27］Turcan N，Rusu A，Cujba R. Study on the mapping of research data in the Republic of Moldova in the context of open science ［J］. International Journal of Advanced Statistics and IT&C for Economics and Life Sciences,2019(1):11-22.

[28]Wasserman I M，Richmond-Abbott M. Gender and the internet：Causes of variation in access，level，and scope of use[J]. Social Science Quarterly,2005(1)：252-270.

[29]Zysman G I，Tarallo J A，Howard R E，et. al. Technology evolution for mobile and personal communications[J]. Bell Labs Technical Journal,2000(1)：107-129.

[30]阿里研究院.释放数字性别红利,发挥数字经济"她"力量——数字经济与中国妇女就业创业研究报告[R].2022.

[31]艾瑞咨询.中国互联网科技产业发展趋势报告[R].2023.

[32]北森.人力资源数字化转型白皮书[R].2022.

[33]蔡昉. 数字经济时代应高度重视就业政策 如何让新技术和数字经济的发展创造更多、更高质量的就业岗位[J]. 财经界,2021(25)：24-25.

[34]曹枞.我国女性就业的现状、问题与对策研究[J].黑龙江人力资源和社会保障,2022(9)：43-45.

[35]曾显荣. 人工智能时代女性就业面临的机遇与挑战[J]. 经济师,2019(7)：38-39.

[36]陈柳青.保障我国女性平等就业的政策研究[D].大庆:东北石油大学,2022.

[37]程文端.女大学生就业歧视现象分析[J].就业与保障,2022(4)：30-32.

[38]创业邦研究中心."卓然而立,一路生花",创业邦2022年中国女性创业者研究报告[R].2023.

[39]丛屹,闫苗苗.数字经济、人力资本投资与高质量就业[J]. 财经科学,2022(3)：112-122.

[40]丛屹,俞伯阳.数字经济对中国劳动力资源配置效率的影响[J].财经理论与实践.2020(2)：108-114.

[41]崔晓丹. 我国技术进步对就业的影响研究[D]. 沈阳:辽宁大

学,2021.

[42]戴铠.数字经济时代的就业趋势分析[J].营销界,2022(24): 26-28.

[43]德勤报告.全球化人才布局拥抱新时代下的新机遇[R].2022.

[44]丁琳,王会娟.互联网技术进步对中国就业的影响及国别比较研究[J].经济科学,2020(1):72-85.

[45]杜庆昊.数字经济对就业的影响机理与路径[J].数字经济,2022 (12):16-21.

[46]方观富,许嘉怡.数字普惠金融促进居民就业吗——来自中国家庭跟踪调查的证据[J].金融经济学研究,2020(2):75-86.

[47]冯书申.社会企业参与流动女性就业的路径研究[D].广州:广东工业大学,2022.

[48]富东燕.拓宽女性在数字经济领域就业创业渠道[N].中国女性报,2022-03-07.

[49]高平.我国数字化赋能现代化产业体系的对策研究[J].中国管理信息化,2023(6):110-113.

[50]宫瑜.数字经济对美国就业结构影响的实证分析[D].济南:山东大学,2020.

[51]管健.数字经济按下女性独立加速键[J].人民论坛,2019(31): 68-69.

[52]郭峰,王靖一,王芳,等.测度中国数字普惠金融发展:指数编制与空间特征[J].经济学(季刊),2020(4):1401-1418.

[53]郭凯明,王钰冰,龚六堂.劳动供给转变、有为政府作用与人工智能时代开启[J].管理世界,2023(6):1-21.

[54]郭双燕.互文性:女性就业政策文本的变迁与实践[J].山东女子学院学报,2022(4):29-39.

[55]韩沈超.数字经济发展对服务业高水平开放的影响研究——基于国别与省级面板数据的双重检验[J].管理现代化,2023(1):

19-30.

[56]何大安. 中国数字经济现状及未来发展[J]. 治理研究,2021(3):
5-15

[57]何雅菲,李林玉.产业升级对女性就业的冲击效应研究——来自
我国"一带一路"重点建设省域的证据[J].华东经济管理,2020
(2):104-111.

[58]何宗樾,宋旭光.数字经济促进就业的机理与启示——疫情发生
之后的思考[J].经济学家,2020(5):58-68.

[59]黄浩.数字经济带来的就业挑战与应对措施[J].人民论坛,2021
(1):16-18.

[60]黄佳.数字经济对劳动力市场的影响综述[J].合作经济与科技,
2021(14):100-101.

[61]黄群慧,余泳泽,张松林.互联网发展与制造业生产率提升:内
在机制与中国经验[J].中国工业经济,2019(8):5-23.

[62]李晟,刘海真.数字经济对灵活就业质量的双重效应研究[J].营
销界,2022(24):29-31.

[63]李海舰,张璟龙.关于数字经济界定的若干认识[J].企业经济,
2021(7):13-22.

[64]李建奇.数字化变革、非常规技能溢价与女性就业[J].财经研
究,2022(7):48-62.

[65]李金龙.数字经济对我国就业结构的影响研究[D].哈尔滨:黑龙
江大学,2022.

[66]李磊,何艳辉.人工智能与就业——以中国为例[J].贵州大学
学报(社会科学版),2019(5):13-22.

[67]李磊,刘常青.劳动保护、性别成本差异与性别就业差距[J].世界
经济,2022(7):153-180.

[68]李晓华.数字经济新特征与数字经济新动能的形成机制[J].改
革,2019(11):40-51.

[69]李晓华.制造业数字化转型与价值创造能力提升[J].改革,2022(11):24-36.

[70]李晓华.数字经济新特征与数字经济新动能的形成机制[J].改革,2019(11):40-51.

[71]李雪琴.中部地区数字经济发展对就业影响的实证研究[D].南昌:江西财经大学,2022.

[72]李勇,蒋蕊,张敏,等.中国数字经济高质量发展水平测度及时空演化分析[J].统计与决策,2023(4):90-94.

[73]林龙飞,祝仲坤."稳就业"还是"毁就业"?数字经济对农民工高质量就业的影响[J].南方经济,2022(12):99-114.

[74]刘斌,辛伟涛.互联网是否会激活机会型创业?——基于创业动机视角的实证研究[J].经济评论,2020(5):98-108.

[75]刘布克.互联网使用对女性就业的影响研究[D].南宁:广西大学,2019.

[76]刘翠花,戚聿东,丁述磊.数字经济时代弹性工作如何影响青年就业质量?[J].宏观质量研究,2022(6):43-60.

[77]刘国亮,卢超.数字经济背景下新要素动能对就业结构的影响研究[J].经济问题探索,2022(12):132-151.

[78]刘晶瑶.促进女性就业:政府兜底企业才能松气[N].深圳特区报,2021-09-30.

[79]刘军,杨渊鋆,张三峰.中国数字经济测度与驱动因素研究[J].上海经济研究,2020(6):81-96.

[80]刘语嫣.论我国女性平等就业权的困境与解决[J].黑龙江人力资源和社会保障,2022(15):47-49.

[81]隆云滔,刘海波,蔡跃洲.人工智能技术对劳动力就业的影响——基于文献综述的视角[J].中国软科学,2020(12):56-64.

[82]卢川.数字经济对我国劳动力就业的影响研究[J].中国物价,2022(2):84-87.

[83]马晔风,蔡跃洲.基于官方统计和领英平台数据的中国ICT劳动力结构与数字经济发展潜力研究[J].贵州社会科学,2019(10):106-115.

[84]马晔风,蔡跃洲.数字经济新就业形态的规模估算与疫情影响研究[J].劳动经济研究,2021(6):121-141.

[85]毛宇飞,胡温馨.人工智能应用对人力资源从业者就业质量的影响[J].经济管理,2020(11):92-108.

[86]毛宇飞,曾湘泉,胡文馨.互联网使用能否减小性别工资差距——基于CFPS数据的经验分析[J].财经研究,2018(7):33-45.

[87]毛宇飞,曾湘泉,祝慧琳.互联网使用、就业决策与就业质量——基于CGSS数据的经验证据[J].经济理论与经济管理,2019(1):72-85.

[88]毛宇飞,曾湘泉.互联网使用是否促进了女性就业——基于CGSS数据的经验分析[J].经济学动态,2017(6):21-31.

[89]倪建春.互联网背景下就业问题及对策[J].中国统计,2020(11):11-12.

[90]欧阳日辉.数字经济的理论演进、内涵特征和发展规律[J].广东社会科学,2023(1):25-35.

[91]彭兰.如何在网络社群中培育"社群经济"[J].江淮论坛,2020(3):123-129,144.

[92]戚聿东,刘翠花,丁述磊.数字经济发展、就业结构优化与就业质量提升[J].经济学动态,2020(11):17-35.

[93]齐秀琳,江求川.数字经济与农民工就业:促进还是挤出?——来自"宽带中国"政策试点的证据[J].中国农村观察,2023(1):59-77.

[94]任保平,巩羽浩.数字经济发展驱动服务业转型升级的理论机理与实现路径[J].江汉论坛,2023(2):68-74.

[95]商乐.我市多措并举助力女性就业创业[N].九江日报,2022-

07-22.

[96]上海社会科学院经济研究所. 全球数字经济竞争力发展报告[M].北京:社会科学文献出版社,2017.

[97]宋丽萍,谭洪波. 劳动市场中女性的崛起——来自技术变迁视角的考察[J].西北人口,2022(5):65-77.

[98]宋旭光,左马华青. 工业机器人投入、劳动力供给与劳动生产率[J]. 改革,2019(9):45-54.

[99]宋月萍. 数字经济赋予女性就业的机遇与挑战[J]. 人民论坛,2021(30):82-85.

[100]苏策.数字经济对产业结构和就业结构协调发展的影响[J].企业经济,2022(11):82-93.

[101]苏欢.互联网使用对农村女性就业选择的影响[J].现代营销(下旬刊),2022(5):114-116.

[102]泰普斯科特. 数字化成长:网络世代的崛起[M]. 陈晓开,袁世,译. 大连:东北财经大学出版社,1999.

[103]田丹,范丛昕,刁洁. 家庭视角下我国女性就业支持政策重构——基于三孩政策冲击的探讨[J].地方财政研究,2022(12):48-54,65.

[104]田鸽,张勋. 数字经济、非农就业与社会分工[J]. 管理世界,2022(5):72-84.

[105]王定祥,胡建,李伶俐. 数字金融与数字经济互动发展机制及政策保障[J]. 当代金融研究,2023(1):1-17.

[106]王栋.数字经济发展对就业影响研究——基于我国部分城市数据的实证分析[J].价格理论与实践,2020(12):156-159.

[107]王军,朱杰,罗茜.中国数字经济发展水平及演变测度[J].数量经济技术经济研究,2021(7):26-42.

[108]王文. 数字经济时代下工业智能化促进了高质量就业吗？[J].经济学家,2020(4):89-98.

[109]王颖,石郑.技术进步与就业:特征事实、作用机制与研究展望[J].上海经济研究,2021(6):39-48.

[110]王勇,葛玉好.劳动力市场冲击对女性就业和工资的影响[J].人口与健康,2021(11):45-53.

[111]王跃生,张羽飞.数字经济的双重就业效应与更高质量就业发展[J].新视野,2022(3):43-50.

[112]吴孔亮,方军.数字经济何以影响村民就地就业?——基于CFPS数据的实证分析[J].重庆文理学院学报(社会科学版),2023(5):18-31.

[113]吴伟平.西部地区信息产业技术进步对信息产业内部劳动力就业的影响分析[D].兰州:西北师范大学,2016.

[114]吴晓东."巾帼新农人":撑起脱贫攻坚战场"半边天"[N].中国青年报,2022-09-06.

[115]夏炎,王会娟,张凤,等.数字经济对中国经济增长和非农就业影响研究——基于投入占用产出模型[J].中国科学院院刊,2018(7):707-716.

[116]谢绚丽,沈艳,张皓星,等.数字金融能促进创业吗?——来自中国的证据[J].经济学(季刊),2018(4):1557-1580.

[117]邢春冰,贾淑艳,李实.技术进步、教育回报与中国城镇地区的性别工资差距[J].劳动经济研究,2014(3):42-62.

[118]徐阳晨.如何提升女性数字素养与技能[N].中国女性报,2022-08-10.

[119]徐影琴.人工智能发展的就业效应及其实现机制研究[D].杭州:浙江工商大学,2022.

[120]许远.适应数字经济发展实现高质量充分就业和体面劳动——面向新时代的我国数字技能开发策略及展望[J].教育与职业,2023(3):59-67.

[121]亚洲金融发展报告——普惠金融篇[R].博鳌亚洲论坛,2020.

[122]严若森,钱向阳.数字经济时代下中国运营商数字化转型的战略分析[J].中国软科学,2018(4):172-182.

[123]杨朝舜.人工智能技术进步对劳动力就业的替代影响研究[D].上海:上海社会科学院,2020.

[124]杨慧玲,张力.数字经济变革及其矛盾运动[J].当代经济研究,2020(1):22-34,112.

[125]杨骁,刘益志,郭玉.数字经济对我国就业结构的影响——基于机理与实证分析[J].软科学,2020(10):25-29.

[126]亿欧智库.中国灵活就业新洞察报告[R].2022.

[127]尹志超,彭嫦燕,里昂安吉拉.中国家庭普惠金融的发展及影响[J].管理世界,2019(2):74-87.

[128]袁维汉.互联网使用程度与女性创业概率[D].合肥:中国科学技术大学,2019.

[129]袁旭宏,张怀志,潘怡锦,等.性别不平等观念束缚了女性就业?来自中国综合社会调查(CGSS2017)的证据[J].中国人力资源开发,2022(12):112-130.

[130]云学堂.数字化时代人才转型趋势白皮书[R].2021.

[131]詹晓宁,欧阳永福.数字经济下全球投资的新趋势与中国利用外资的新战略[J].管理世界,2018(3):78-86.

[132]张成刚,廖毅,曾湘泉.创业带动就业:新建企业的就业效应分析[J].中国人口科学,2015(1):38-47,126-127.

[133]张成刚,平台经济就业稳定器作用大[N].北京日报,2020-04-13.

[134]张广胜,王若男.数字经济发展何以赋能农民工高质量就业[J].中国农村经济,2023(1):58-76.

[135]张鸿,刘中,何文秀,等.数字经济对陕西省就业质量的影响[J].西安邮电大学学报,2019(6):85-91.

[136]张丽宾."十四五"及今后一个时期中国妇女发展面临的突出问

题及下一步工作的目标任务——从保障妇女经济权利的角度[J].妇女研究论丛,2020(6):5-7.

[137]张亮亮,刘小凤,陈志.中国数字经济发展的战略思考[J].现代管理科学,2018(5):88-90.

[138]张世邦,杨季佳,等.房地产价格对女性生育率的影响实证分析——基于我国31个省份的面板数据分析[J].经贸实践,2017(1):272-273.

[139]张姝,王雪标.数字经济对产业结构升级影响的实证检验[J].统计与决策,2023(3):15-20.

[140]张卫.人口老龄化、产业结构与劳动力技能结构[J].西北人口,2021(5):67-79.

[141]张雪玲,焦月霞.中国数字经济发展指数及其应用初探[J].浙江社会科学,2017(4):32-40.

[142]张雅文.数字经济驱动就业结构调整的分工演绎逻辑[J].科技创业月刊,2023(1):102-106.

[143]张桢.平衡数字经济给当代女性带来的危与机[J].互联网周刊,2022(16):56-58.

[144]赵涛,张智,梁上坤.数字经济、创业活跃度与高质量发展——来自中国城市的经验证据[J].管理世界,2020(10):65-76.

[145]浙江省经济和信息化厅,浙江省数字经济发展中心,浙江省工业和信息化研究院.浙江省数字经济发展白皮书(2023年)[M].杭州:浙江人民出版社,2023.

[146]中国欧盟商会.2022年职场女性调查报告[R].2023.

[147]中国人民大学劳动人事学院课题组.阿里巴巴全生态就业体系与就业质量研究报告[R].2020.

[148]中国人事科学研究院.短视频直播生态催生新职业促进高质量充分就业报告[R].2023.

[149]中国信息通信研究院.中国数字经济发展白皮书(2020年)

[Z].2020.

[150]中国信息通信研究院.中国数字经济发展白皮书(2021年)[Z].2021.

[151]中国信息通信研究院.中国数字经济就业发展研究报告:新形态、新模式、新趋势[R].2021.

[152]周正,门博阳,王搏.数字经济驱动制造业高质量发展的增长效应——基于中国数字经济与制造业的实证检验[J].河南师范大学学报(哲学社会科学版),2023(1):72-78.